AF313682

COURS ÉLÉMENTAIRE

DE

DROIT CIVIL.

COURS ÉLÉMENTAIRE

DE

DROIT CIVIL.

PAR G. V. VASSELIN,

ANCIEN DOCTEUR EN DROIT DE LA FACULTÉ DE PARIS.

PRIX : 2 francs.

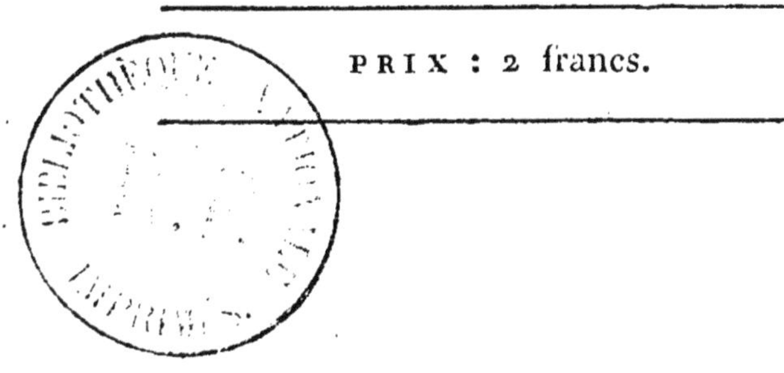

A PARIS,

DE L'IMPRIMERIE DE BRASSEUR.

AN IX. — 1801.

Sur le projet de code civil.

CEUX qui parcourront mes cahiers auront lu le *projet de code civil.* Ils auront dû être frappés des rapports exacts de ressemblance qui se trouvent entre l'un et l'autre ouvrage (entre lesquels je suis bien éloigné, d'ailleurs, d'établir d'autres comparaisons.) Il était impossible de présenter une doctrine plus homogène, notamment aux chapitres de la division des choses, de l'accession, de la prescription, de l'usufruit, des servitudes rurales, des obligations, des contrats en général, et de chaque contrat particulier de vente, de louage, de société, de mandat, de dépôt, de prêt à usage, de prêt de consomption, etc., etc. Mêmes définitions, mêmes divisions, même cadre, mêmes détails, et très-souvent plusieurs pages de mêmes expressions. La conformité est si sensible, que je pourrais être accusé de plagiat, si mes cahiers n'avaient une date authentique avant le projet de code civil.

Rien, cependant, n'est plus naturel que cette identité de doctrine. Il faudrait même s'étonner qu'elle n'existât pas : j'avais annoncé, dès l'origine, que mes cahiers ne seraient autre chose que l'analyse exacte de nos anciennes lois non abrogées et des ouvrages de nos plus savans jurisconsultes, notamment de Pothier, qui, pour ce qui concerne les obligations et les contrats, a épuisé tout ce qui peut être dicté par le bon sens et le bon goût. De leur côté, les savans auteurs du *projet de code civil* n'ont pas cru que, pour faire quelque chose de bon, il fallût indispensablement inventer du nouveau ; ils ont pensé que des principes consacrés par l'expérience de vingt siècles et de vingt nations, pouvaient encore convenir à la France même régénérée, et, renonçant à la folle manie de tout détruire pour paraître tout créer, ils ont mis à contribution les lois romaines, nos plus sages ordonnances, nos principales coutumes et les pères de notre jurisprudence, notamment le profond et judicieux Pothier. Il ne pouvait donc y avoir de différence entre le projet de code civil et mes cahiers que dans le meilleur emploi des matériaux, la plus grande justesse des analyses, et l'excellence de la main-d'œuvre; toutes choses sur lesquelles il serait injuste d'établir la moindre comparaison entre des jurisconsultes-législateurs et un simple légiste qui n'a la prétention d'être le maître que de ceux qui sont encore aux premiers rudimens de la science.

Me dira-t-on que le projet de code civil n'est pas encore sanctionné, et qu'il peut au moins recevoir beaucoup de modifications? J'en conviens; mais on m'accordera qu'il est impossible qu'il éprouve la plus légère réformation à l'égard des obligations, des contrats et de toutes les conventions émanées du droit des nations : ce sont des principes éternels sur lesquels il n'y a qu'une voix chez tous les peuples et dans tous les siècles. Si ce projet est modifié, ce ne sera que dans les dispositions qui sont du droit civil proprement dit, comme les successions, les donations, les testamens et les hypothèques. Or, c'est ici que mes cahiers diffèrent du projet du code civil, et doivent en différer les uns devant être l'expression de nos lois actuelles, et l'autre en étant la presque entière abrogation.

Je regrette donc sincèrement que l'émis-

sion du projet de code civil n'ait pas précédé celle de mes cahiers, quelque défaveur
qu'il y eût eu pour moi à paraître le dernier : j'aurais indiqué les rapports de ressemblance qui existent entre le projet et
mes cahiers ; j'aurais surtout noté tous les
points sur lesquels le projet a dérogé à nos
lois actuelles. Mais j'y suppléerai en donnant,
à la fin de mon sixième cahier, une notice,
par ordre de matières, de tout ce que ce projet
abroge de notre droit actuel ; et je distingue-
rai si ces dérogations sont un retour à l'ancien droit, ou l'introduction d'un droit tout
à fait nouveau.

COURS ÉLÉMENTAIRE

DE

DROIT CIVIL.

TROISIÈME CAHIER.

PREMIÈRE LEÇON.

DU CONTRAT DE VENTE.

PARAGRAPHE PREMIER.

Qu'est-ce que le contrat de vente ?

LE contrat de vente est celui par lequel l'un des contractans que l'on nomme vendeur, s'oblige envers l'autre de lui faire avoir librement, et à titre de propriétaire, une chose pour le prix d'une somme d'argent que l'autre contractant, qui est l'acheteur, s'oblige réciproquement de lui payer.

Ce contrat est *du droit des nations* ; non-seulement, il lui doit son origine, mais il se gouverne par les seules règles de ce droit. Il est du nombre de ceux qu'on appelle *consensuels*, car il se forme par le seul consentement des contractans ; il est *synallagmatique* l'engagement des deux parties étant réciproque ; enfin, il est *intéressé de part et d'autre*, et *commutatif*, chacun ayant bien l'intention de recevoir autant qu'il donne.

§ I I.

Des choses qui sont de son essence.

Trois choses sont de l'essence de ce contrat : une chose qui en soit l'objet, un prix convenu et le consentement des parties.

De la chose vendue.

Il faut en premier lieu une chose qui soit vendue et qui fasse l'objet du contrat. Si donc, ignorant que mon cheval est mort, je le vends à quelqu'un, il n'y aura pas de vente, faute d'une chose qui en soit l'objet. Il suffit, au surplus, que la chose vendue doive exister, quoiqu'elle n'existe pas encore. Par exemple : je puis vendre la récolte prochaine de mon bled, de mon vin, de mon foin. On peut vendre aussi une chose incorporelle, une créance, un droit, une servitude. Une simple espérance peut être l'objet d'un contrat de vente : si donc un pêcheur vend à quelqu'un son coup de filet pour un certain prix, c'est un vrai contrat de vente : quand même il ne prendrait aucun poisson ; car, l'espérance des poissons qui pouvaient être pris est une chose appréciable.

On ne peut vendre les choses qui, par leur nature,

sont hors le commerce, comme un cimetière, un monument national, une place publique. Il y a aussi certaines choses dont les lois de police peuvent défendre
la vente, parce qu'elles sont nuisibles à la santé, tels
que des bleds submergés, des pourceaux ladres, de la
viande de bête morte de maladie. Enfin, nous ne pouvons acheter ni par nous-mêmes, ni par personnes interposées, des choses qui font partie des biens dont
nous avons l'administration. Ainsi, un tuteur ne peut
acheter les choses qui sont à son pupille; mais cette
nullité n'est que relative, et ne peut être invoquée
que par le mineur qui, à sa majorité, peut maintenir
le marché s'il le trouve avantageux.

Du prix convenu.

La seconde condition requise pour former un contrat de vente, est qu'il y ait un prix convenu entre les
parties. Ce prix doit être, 1°. sérieux; 2°. certain et
déterminé, ou tel du moins qu'il doive se déterminer;
3°. consister en une somme d'argent.

1°. Le prix doit être sérieux et convenu avec intention qu'il pourrait être exigé. C'est pourquoi, si
quelqu'un vendait une chose pour une certaine somme,
et que, par le contrat, il en fît remise, un tel acte ne
serait pas une vente. Un prix, qui n'a aucune proportion avec la valeur de la chose vendue, n'est pas non
plus un véritable prix. Par exemple : si l'on vendait une
métairie pour un écu, (car le prix n'étant autre chose
que l'estimation que les parties ont faite entre elles

de la valeur de la chose), une somme qui n'a aucune proportion avec la valeur de cette chose ne peut pas en être une estimation sérieuse , ni conséquemment un prix véritable. Il n'est pas néanmoins nécessaire que la somme convenue pour le prix, égale précisément la juste valeur de la chose ; car le prix , dans le contrat de vente , n'est pas précisément la juste valeur de la chose , mais la somme à laquelle les parties l'ont estimée ; et elles peuvent l'estimer au-dessous , comme au-dessus , sans que la convention cesse de produire un véritable contrat de vente.

2°. Ce prix doit être aussi un prix certain et déterminé , ou tel qu'il doive le devenir ; et qu'il ne soit pas laissé au pouvoir d'une seule des parties. Ainsi , le contrat de vente est valable , lorsque je vends une chose pour le prix qu'elle sera estimée par un tiers ; mais il faut que ce tiers fasse l'estimation, car , s'il refusait de la faire , ou qu'il mourût avant de l'avoir faite , il n'y aurait plus de vente ; les parties n'étant convenu que du prix que cette personne réglerait , on ne peut pas assurer qu'elles aient voulu , à son défaut , se rapporter au réglement que ferait une autre personne ; elles ont pu n'avoir confiance qu'en celle-là. On peut vendre aussi pour le prix que la chose sera estimée par experts , dont les parties conviendront ; le prix , à la vérité , n'est pas certain lors du contrat , mais il doit le devenir par l'estimation.

3°. Le prix doit encore consister en une somme d'argent que l'acheteur s'oblige de payer au vendeur.

S'il en était autrement , ce ne serait plus un contrat de vente , mais un contrat d'échange.

Du consentement des parties.

Le consentement , qui forme le contrat de vente , doit intervenir sur la chose, sur le prix, sur la vente même.

1°. *Sur la chose.* — Il n'y a donc pas de contrat si l'un compte vendre une chose , et l'autre en acheter une autre. Il n'y a point de vente , si l'on me vend un sac d'orge que je prends pour du bled , une tabatière de tombac que je prends pour une tabatière d'or ; car, bien que nous soyons convenus du corps qui est vendu , nous ne convenons pas de la matière qui en fait la substance ; et parce qu'il y a erreur sur les qualités essentielles de la chose , il n'y a pas de consentement.

2°. *Sur le prix.* — Le consentement ne se trouve pas , si l'un compte vendre pour une somme plus grande que celle pour laquelle l'autre compte acheter. Il n'y a donc pas de vente.

3°. *Sur la vente même.* — C'est-à-dire que l'un doit vouloir vendre, et l'autre vouloir acheter. Si j'entends vous donner une maison pour neuf mille francs à titre de location, et que vous comptiez la prendre à titre d'achat , il n'y a pas de vente ; il n'y a pas même de louage, parce que vous n'avez voulu qu'acheter , et moi je n'ai voulu que louer.

§ I I I.

Des engagemens du vendeur.

Le contrat de vente produit des engagemens réciproques entre le vendeur et l'acheteur. Voyons d'a-
bord quels sont ceux du premier : ils naissent ou de la
nature du contrat, ou de la bonne foi, ou des clauses
particulières de l'acte.

§ I V.

De ceux qui naissent de la nature du contrat.

Nous avons vu que le vendeur s'oblige envers l'a-
cheteur à lui faire avoir la chose *librement à ce titre
de propriétaire.* De là, dérivent, 1°. l'obligation de
livrer à l'acheteur la chose vendue, et de veiller à
la conservation de cette chose jusqu'à la tradition ;
2°. l'obligation de la garantie des évictions ; 3°. l'o-
bligation de la garantie des charges réelles non déclarées par le contrat; 4°. l'obligation de la garantie des
vices redhibitoires.

§ V.

De l'obligation de livrer la chose.

1°. Le vendeur doit livrer la chose à l'acheteur, si
elle n'est déjà par-devers lui. Il doit le faire à ses frais.
Par exemple : si la chose est engagée, il doit la retirer

à ses risques et périls pour la livrer. Il doit aussi re-
remettre avec la chose les fruits tant naturels que civils, nés et perçus depuis que l'acheteur a payé le
prix. Mais il ne suffit pas qu'il livre la chose , il faut
qu'il la livre dans le tems convenu ; et si l'acheteur a
souffert de ce qu'elle ne lui a pas été livrée dans ce
terme , le vendeur est susceptible envers lui de
dommages et intérêts. Il en est de même si l'on est
convenu de faire la livraison en tel lieu ; c'est là seulement qu'elle doit se faire : l'acheteur n'est pas tenu
de la recevoir ailleurs.

Tant que la tradition n'est pas faite , c'est au vendeur à veiller à la conservation de la chose ; mais il
suffit qu'il apporte une diligence commune et ordinaire : on n'exige pas de lui la plus scrupuleuse diligence. Si, dans l'intervalle, la chose vient à périr par
le fait d'un étranger , que le vendeur n'a pu empêcher,
il est libéré de son obligation ; il est seulement tenu de
subroger l'acheteur en ses droits et actions contre celui
qui a causé la perte de la chose. Mais , si c'est par la
faute du vendeur que la chose a péri , il reste toujours
obligé ; il est tenu envers l'acheteur des dommages et
intérêts résultans de cette perte. Il en est de même
lorsque la chose a péri par la faute de quelqu'un des
faits duquel le vendeur est responsable ; tels que sont
ses domestiques.

§ V I.

De la garantie des évictions.

2°. L'obligation du vendeur n'est pas entièrement consommée par la tradition qu'il a faite de la chose vendue, il demeure encore, après cette tradition, obligé de défendre et garantir l'acheteur de toutes évictions, par rapport à cette chose.

Evincer, c'est ôter quelque chose à quelqu'un en vertu de jugement. *Eviction*, est le délais qu'un jugement nous oblige à faire de cette chose. Et, certes, s'il est dans la nature du contrat de vente que la chose vendue soit livrée, il s'ensuit que cette tradition ne doit pas être anéantie aux risques et périls de l'acheteur. Il est bien vrai que le vendeur ne peut pas être contraint de transférer réellement la propriété, s'il a vendu ce qui ne lui appartenait pas, quoiqu'il fût de bonne foi ; mais si la chose retourne au vrai propriétaire, l'acheteur doit sortir indemne de cette affaire. Vous êtes donc obligé, vous vendeur, de me défendre de toutes demandes, soit en revendication, soit en action hypothécaire, ou autres, qui pourraient être données contre moi, par quelque personne que se soit, pour me faire délaisser la chose que vous m'avez vendue ; et de me garantir de toutes condamnations qui pourraient intervenir contre moi sur ces demandes : et, dans tous les cas, si vous ne pouvez empêcher que je sois contraint à délaisser, vous êtes tenu de mes dommages et intérêts.

Néanmoins, le vendeur n'est pas tenu de toute es-

pèce d'évictions. Pour fixer nos idées à cet égard , ar-
rêtons-nous aux quatre principes suivans :

1°. Le vendeur est tenu des évictions dont il y avait
une cause , ou du moins un germe existant dès le tems
du contrat de vente , soit qu'elle procède ou non du fait
du vendeur.

2°. Les évictions dont la cause n'a commencé
d'exister que depuis le contrat , ne donnent pas lieu
à la garantie, à moins que la cause ne procède du fait
du vendeur.

3°. Le délais de la chose vendue que l'acheteur fait,
quoique sans sentence , à quelqu'un qui , dès le contrat de vente , en était propriétaire, ou qui avait , dès
ce tems , un droit au moins informe à se la faire délaisser, donne lieu à garantie , en justifiant par l'acheteur que celui à qui il a fait ce délais avait effectivement ce droit.

4°. C'est encore une espèce d'éviction qui donne lieu
à la garantie lorsque, depuis la vente que vous m'avez
faite d'une chose , je succède , soit à titre universel,
soit à titre singulier, même à titre lucratif, à un tiers
qui en était le vrai propriétaire.

Il n'importe , au surplus, que ce soit à l'acheteur lui-
même que la chose vendue soit évincée , ou à son suc-
cesseur en ladite chose, pour que l'acheteur ait l'action
de garantie. En conséquence , si je vous ai vendu un
héritage , et que vous l'ayez revendu à un tiers , si ce
tiers est évincé , vous avez l'action de garantie contre
moi, comme si c'était vous-même qui fussiez évincé ;

car je vous ai vendu pour vous et vos ayans cause ; et vous avez intérêt de défendre le tiers de cette éviction, dont vous êtes tenu vous-même de le garantir.

J'ajouterai que non-seulement l'éviction de toute la chose vendue, mais celle de quelque partie que ce soit de cette chose, donne lieu à la garantie, soit que ce soit une partie aliquote et indivise, comme si le jugement porte éviction du tiers, du quart, etc.; soit que ce soit une partie intégrante, comme si l'acquéreur d'une métairie est condamné à délaisser une pièce de terre qui en dépendait.

SECONDE LEÇON.

SUITE DU CONTRAT DE VENTE.

§ VII.

De la garantie des charges réelles.

Puisque le vendeur s'engage envers l'acquéreur à lui faire avoir la chose librement, et à titre de propriétaire, il doit le garantir de tout ce qui pourrait diminuer ou gêner cette faculté, et conséquemment le défendre de toutes demandes pour raison des charges réelles autres que celles qui lui ont été déclarées. L'effet de cette garantie est que, si quelqu'un prétend

sur l'héritage vendu quelque droit réel dont l'acquéreur n'a pas été chargé par le contrat de vente, celui-ci,
assigné pour reconnaitre ou souffrir ce droit, peut assigner en garantie le vendeur ou ses héritiers, pour
qu'ils aient à le défendre de cette demande, et prendre
son fait et cause. Faute par le vendeur de défendre l'a-
cheteur, cette action se résout et se termine à une diminution de prix à dire d'experts qui estiment ce que
la chose aurait été vendue de moins.

§ V I I I.

De la garantie des vices redhibitoires.

4°. C'est une suite du même principe que le vendeur garantisse l'acheteur que la chose vendue est
exempte de certains vices, qui sont de nature à
rendre inutile ou presque inutile, et même quelquefois nuisible, l'usage pour lequel cette chose est
dans le commerce. Ces vices se nomment *redhibitoires*,
parce que l'acheteur conclut à ce que le vendeur soit
tenu de reprendre sa chose. Le vendeur est tenu de
cette garantie non-seulement à l'égard de la chose
qui fait le principal objet de la vente, mais aussi à
l'égard de celles qui sont comprises dans le contrat
comme choses accessoires, pourvu qu'elles y soient no-
minativement spécifiées, à titre singulier, et non sous
une universalité.

Pour qu'un vice de la chose vendue donne lieu à la
garantie, il faut en premier lieu qu'il soit du nombre

de ceux qui, selon l'usage des lieux, passent pour redhibitoires. Par exemple : c'est un usage que la pousse,
la morve et la courbature passent pour vices redhibitoires à l'égard des chevaux. Certaines maladies con-
tagieuses qui, dans certains tems, règnent sur les ani-
maux, sont un vice redhibitoire à l'égard de ceux qui
en sont malades. C'est un vice redhibitoire pour une
poutre, lorsqu'elle est pourrie ; pour des tonneaux,
lorsqu'ils sont fûtés ; pour des étoffes neuves, lorsqu'elles sont tárées.

Il faut, en second lieu, que le vice n'ait pas été
connu de l'acheteur lors du contrat. Si l'on peut jus-
tifier qu'il en a eu connaissance, il n'est pas recevable
dans sa demande en garantie.

Il faut, en troisième lieu, que le vice n'ait pas été
excepté de bonne foi, par une clause particulière, de
l'obligation de garantie. Le vice est excepté de bonne
foi lorsque le vendeur qui ne connaît pas la chose
qu'il vend, dans la crainte qu'elle n'ait un certain vice
dont il n'a pas connaissance, stipule qu'il ne garantit
pas ce vice.

En quatrième et dernier lieu, il faut que le vice qui
donne lieu à la garantie ait existé dès le tems du contrat ; car, s'il n'est survenu que depuis, la chose étant
devenue par le contrat aux risques de l'acheteur, le
vendeur n'en peut être tenu.

§ I X.

Des engagemens du vendeur qui naissent de la bonne foi.

La bonne foi est l'ame des contrats; et , dans la stricte équité , le vendeur est obligé non-seulement à ne rien dissimuler des vices intrinsèques de la chose , mais en général à dire tout ce qui concerne la chose , et qui pourrait porter l'acheteur à ne pas acheter , ou à ne pas acheter si cher. Mais, dans les tribunaux , le vendeur n'est pas responsable de toutes espèces de réticences : il faut qu'elles soient tellement graves qu'elles tiennent du dol. Telle est la dissimulation que la chose qu'il vend ne lui appartient pas, ou qu'il n'en a pas la propriété irrévocable , ou qu'elle est sujette à certaines charges réelles ou hypothèques spéciales. Au surplus, il est permis au vendeur de prôner sa marchandise autant qu'il lui est possible , d'en exagérer les beautés , et de garder le silence sur ses défauts extrinsèques. C'est à l'acheteur à bien examiner , bien s'informer, et à faire l'estimation la plus avantageuse pour lui. Ce sont de part et d'autre de petites ruses, dont rarement une des parties est la dupe.

§ X.

De ceux qui naissent des clauses particulières du contrat.

Les engagemens du vendeur résultans des clauses particulières du contrat portent généralement sur la quantité et la qualité de la chose vendue, et sur l'emploi du prix.

1°. Lorsque la chose vendue se trouve d'une moindre contenance que celle exprimée au contrat, le vendeur est obligé de faire raison à l'acheteur de ce défaut de contenance. Si, par exemple, en vendant une métairie, on a exprimé qu'elle était de trois cents arpens de terre labourable, et qu'il ne s'en trouve que deux cents cinquante, si on a vendu une cuve comme étant de la contenance de quinze pièces de vin, et qu'elle n'en puisse contenir que douze, le vendeur est tenu de parfaire la livraison; sinon, l'acheteur a une action pour obtenir une diminution du prix proportionnée à ce qui manque de la contenance exprimée au contrat.

2°. De même, lorsque la chose vendue n'est pas de la qualité spécifiée au contrat, *puta*, s'il est dit qu'un bois est âgé de dix feuilles, et qu'il soit moins âgé, il est dû à l'acheteur des dommages et intérêts, qui consistent dans une diminution de prix. Quelquefois même l'acheteur peut être fondé à demander la rescision du contrat, s'il paraît, par les circonstances, que la qualité fût telle qu'il n'aurait pas acheté, s'il eût su qu'elle manquât à la chose.

3°. Il arrive souvent que, lorsque vous me vendez, je stipule que le prix que je vous paie sera par vous employé, ou à acquitter une certaine créance, ou, en général, à acquérir d'autres héritages ou rentes, à l'effet de me faire acquérir subrogation aux privilèges de vos vendeurs ou créanciers, au paiement des-

quels vous employez mes deniers. L'effet de l'engagement que vous contractez par cette clause est que , si
vous manquez à la remplir , soit en dissipant, soit en
employant à toute autre chose les deniers que je vous
ai payés , soit en omettant, dans les quittances de
paiement que vous retirez de vos créanciers ou de vos
vendeurs , les déclarations nécessaires pour me faire
acquérir la subrogation , j'ai action contre vous aux
fins que , faute par vous d'avoir satisfait à cette obligation , le contrat demeure nul , et que vous soyez
condamné à me rendre le prix , ainsi qu'à mes
dommages et intérêts résultans de l'inexécution du
contrat.

§ X I.

Des engagemens de l'acheteur.

Les engagemens de l'acheteur , naissent , comme
ceux du vendeur , de la nature même du contrat ,
de la bonne foi , ou des clauses particulières de l'acte

De ceux qui naissent de la nature même du contrat.

Payer le prix et les intérêts, enlever la chose vendue
et indemniser le vendeur de ce qu'il a dépensé pour la
conserver , c'est à quoi tout acheteur est engagé par la
nature même du contrat de vente.

1°. Que l'acheteur soit tenu de payer le prix , cela
ne peut pas faire l'ombre de difficulté ; mais quand
doit-il le faire? Lorsque le contrat ne porte aucun terme,

le vendeur peut former incontinent son action contre l'acheteur, aux offres qu'il doit lui faire de lui livrer la chose, si elle ne l'a déjà été. Si, depuis le contrat, la chose avait cessé d'exister sans la faute du vendeur, celui-ci n'en serait pas moins fondé à réclamer le paiement du prix. Mais il ne serait pas recevable s'il était en demeure de livrer la chose. Il serait enfin débouté de sa demande, si l'acheteur était troublé dans sa possession par quelque demande en revendication, hypothécaire ou autre, jusqu'à ce que le procès fût jugé.

Le prix emporte les intérêts lorsque la chose vendue est de nature à produire des fruits naturels ou civils, comme une terre, une maison, un moulin, un troupeau. Dans ce cas, l'acheteur doit les intérêts du prix, de plein droit, du jour qu'il est entré en possession et jouissance de la chose, soit qu'ils aient été stipulés ou non. Mais s'il s'agit d'une chose qui ne soit pas de nature à produire des fruits, comme une tapisserie, une bibliothèque, l'acheteur ne doit les intérêts du prix que du jour qu'il a été mis en demeure par une interpellation judiciaire.

Lorsque l'acheteur a, par le contrat, un terme pour payer, il ne doit les intérêts que du jour de l'expiration de ce terme, à moins qu'il n'ait été formellement stipulé que les intérêts seraient servis depuis le jour de la vente, jusqu'à l'échéance du paiement.

2°. Ainsi que le vendeur est tenu de faire la livraison de la chose vendue, l'acheteur est obligé de la recevoir. S'il s'agit de marchandises, et que le contrat ne porté aucun terme pour leur enlèvement , il peut être sommé incontinent de les enlever. Et lorsque , par une sommation judiciaire , il a été mis en demeure de satisfaire à cette obligation , il est tenu des dommages et intérêts que le vendeur a soufferts depuis la sommation, par la privation de l'usage de ses magasins, caves, greniers , celliers.

Il est pareillement reconnu que l'acheteur est obligé de rembourser au vendeur ce qu'il a dépensé depuis le contrat pour la conservation de la chose vendue ; car les fruits étant dus à l'acheteur dès avant la tradition , aussitôt qu'il en a payé le prix , il est naturel que les charges le regardent depuis ce tems , et , par suite , toute la dépense qu'il a fallu faire pour l'entretien et la conservation de la chose.

§ X I I.

De ceux qui naissent de la bonne foi.

La bonne foi qui doit régner dans tous les contrats oblige l'acheteur à n'user d'aucun dol pour porter le vendeur à vendre , ou à vendre moins cher. Ce dol consiste dans le mensonge et les manœuvres que l'acheteur peut employer pour tromper le vendeur sur le prix actuel de sa chose. Supposez que , pour engager le propriétaire d'une auberge située sur une grande route, à me la vendre , j'ai pratiqué sous main des manœuvres tendantes à lui faire accroire qu'une loi récente ordonne la construction , à une demi-lieue de là , d'un grand chemin qui changerait la route, ces manœuvres bien avérées pourraient être pour le vendeur un moyen de rescision du contrat.

Il est même un dol plus caractérisé dont nos lois nouvelles ont attribué la connaissance à la police correctionnelle, c'est celui « où, à l'aide de faux noms « pris verbalement ou par écrit, ou de fausses entre- « prises, ou d'un crédit imaginaire, ou d'espérances « et de craintes chimériques, on aurait abusé de la « crédulité de quelques personnes pour escroquer la « totalité ou partie de leur fortune. » (Loi du 22 juillet « 1791, titre II, article XXXV; loi du 7 frimaire an II, article I.) Mais regardons comme point fondamental que cette voie, qui emporte amende et emprisonnement, n'est ouverte au vendeur qu'autant qu'il précise spécialement dans sa plainte un de ces moyens d'escroquerie; et la preuve testimoniale qu'on admet alors, mais alors seulement, doit porter toute entière sur le moyen d'escroquerie indiqué par la plainte. Autrement, s'il suffisait de prononcer le mot *escroquerie* dans une plainte, et de faire entendre des témoins sur des faits non articulés par le plaignant, il arriverait bientôt que même les héritiers d'un vendeur parviendraient à faire annuller les actes les plus authentiques par des témoignages de simples ouï dires insignifians ou mensongers; et la voie de la police correctionnelle, qui n'a été établie que pour la repression des délits, deviendrait la ressource et l'appui de la mauvaise foi, de la calomnie et de la cupidité. Il faut donc réduire à ses seuls termes cet article XXXV de la loi du 22 juillet 1791, et, dans tous autres cas, exécuter rigoureusement l'article II du titre XX de l'ordonnance de 1667, ainsi conçu : « Ne sera reçu aucune preuve par témoins contre et outre le contenu aux actes, ni sur ce qui serait allégué avoir été dit avant, lors ou depuis les actes, encore qu'il s'agit d'une somme ou valeur moindre de 100 francs. »

Je ferai même une observation que je ne sache pas encore avoir été faite : c'est que ce fameux article XXXV ne dit pas si cette voie de police correctionnelle est ouverte en tout état de cause, par exemple, dans le cas où le contrat attaqué serait passé par acte authentique devant notaire. Cela méritait bien cependant une explication; car on peut bien supposer l'escroquerie d'un sous seing-privé ; mais d'un acte notarié !!! Néanmoins la plupart de nos tribunaux l'ont plusieurs fois préjugé.

§ XIII.

De ceux qui naissent des clauses particulières de l'acte.

Le contrat peut donner lieu par des clauses particulières à certains engagemens de l'acheteur. Par exemple : si l'on est convenu que l'acheteur donnerait outre le prix une certaine chose au vendeur, ou qu'il ferait ou ne ferait pas quelque chose, il naît de cette clause une obligation de la part de l'acheteur d'exécuter cette convention, et le vendeur a contre lui action pour l'y contraindre.

TROISIÈME LEÇON.

SUITE DU CONTRAT DE VENTE.

X I V.

Comment se consomme le contrat de vente.

LE contrat de vente s'exécute de la part de l'acheteur par le paiement du prix, mais il n'est pas encore consommé ; il ne peut l'être que par la tradition de la part du vendeur. Nous avons traité de la tradition en général, leçon VII, premier cahier. Voyons plus particulièrement quelle est la tradition d'une chose vendue, et quel en est l'effet.

§ X V.

De la tradition.

La tradition est la délivrance de l'objet vendu : elle est réelle ou feinte.

— *Réelle.*

La tradition réelle a lieu lorsque l'acquéreur est mis réellement en possession de la chose. Posséder, c'est tenir en sa puissance une chose pour soi, par ses mains ou par celles d'un autre qui la détient en notre nom.

La tradition feinte est celle que nous avons définie sous les noms de *symbolique*, de *longæ manûs* et de *brevis manûs*.

— *Symbolique.*

Une maison est censée livrée par la remise que le vendeur fait des clefs à l'acheteur. La remise des titres passe aussi pour une tradition symbolique de la chose.

— *Longæ manûs.*

Dans les choses de grand poids , la permission que le vendeur donne à l'acheteur ou à son mandataire de les enlever est une tradition suffisante : c'est ce que nous avons appelé tradition *longæ manûs.* Il en est même ainsi de la simple montrée que le vendeur d'un immeuble en fait à l'acquéreur. Celui-ci reçoit la tradition, *oculis et affectu* , aussi efficacement que s'il la recevait *manû et pedibus.*

— *Brevis manûs.*

Si le vendeur s'était retenu l'usufruit de la chose vendue , cette rétention équipollerait à la tradition; car , comme on ne peut pas être usufruitier de la chose , le vendeur , en se rendant usufruitier, déclare suffisamment qu'il ne possède plus la chose comme sa propre chose , qu'il ne la possède plus en son nom , mais au nom de l'acheteur de qui il la tient à titre d'usufruit. Il en faut dire autant de celui qui retient , à titre de locataire ou de fermier , l'immeuble dont il aliène la propriété.

Pareillement , lorsque la chose vendue est déjà pardevers l'acheteur qui la tenait du vendeur à titre de loyer, de prêt à usage , de dépôt ou autrement , le seul consentement des parties que l'acquéreur la possède dorénavant en son nom et comme propriétaire , tient lieu de tradition. Ces deux cas sont ceux de la tradition *brevis manûs.*

Ici nous observerons que , d'après les anciens principes et l'usage immémorial, l'acte authentique , c'està-dire , l'acte notarié , équivaut à tradition réelle en matière d'immeubles, et que , dès l'instant de la date de l'acte , le vendeur est exproprié et dépossédé. La loi du 11 brumaire an VII a subverti ces principes, en statuant que la propriété d'un immeuble n'était transférée , au moins à l'égard des tiers , que du jour de l'inscription du contrat de vente au bureau des hypothèques; mais il est impossible que cette disposition, vraiment désastreuse, ne soit pas révoquée par le nouveau code civil.

§ X V.

De la quasi-tradition.

Nous avons vu que les choses incorporelles , qui ne tombent pas sous les sens , ne peuvent être proprement possédées , ni conséquemment être livrées réellement. Mais , comme à l'égard de ces choses , la jouissance tient lieu de possession , souffrir que l'acheteur jouisse, c'est tradition de la part du vendeur. Dans la vente des créances et actions, la signification du transport faite par l'acheteur au débiteur tient lieu de tradition de la chose vendue.

§ X V I.

De l'effet de la tradition.

L'effet de la tradition est de faire passer en la puissance de l'acheteur la propriété de la chose vendue. Le contrat de vente ne forme que des engagemens personnels entre les contractans. C'est la tradition seule qui transfère la propriété. D'où il suit que, si, après vous avoir vendu ma maison sans vous la livrer, j'ai la mauvaise foi de la vendre et livrer à un tiers, c'est au second acheteur que la propriété est transférée. Vous n'avez contre moi qu'une action personnelle pour vos dommages et intéréts résultans de l'inexécution du contrat. Par la même raison, les créanciers du vendeur peuvent saisir la chose vendue avant qu'elle soit livrée, quand même l'acheteur en aurait payé le prix.

Mais, pour que la tradition transfère la propriété, il faut en premier lieu que l'acheteur ait payé son prix, ou que le vendeur lui ait accordé terme, ou qu'il ait suivi sa foi. En second lieu, et surtout, il faut que la vente soit faite par le véritable propriétaire ou son fondé de pouvoir spécial, et, par un propriétaire capable d'aliéner, ou par quelqu'un ayant qualité légale de consentir pour lui.

Lorsque le vendeur a vendu et livré la chose sans le consentement du propriétaire, il n'a pu, de toute évidence, transférer un droit de propriété qu'il n'avait pas. Cette tradition n'est cependant pas tout à fait inutile ; elle transfère la possession civile qui consiste, 1°. dans le droit de percevoir les fruits, sans obligation de les rendre au propriétaire qui revendiquerait sa chose ; 2°. dans la faculté de devenir propriétaire par prescription, après une possession de bonne foi, non interrompue, pendant le laps de tems déterminé par les lois.

Il en est autrement de la tradition faite par un propriétaire incapable d'aliéner, ou par quelqu'un n'ayant pas qualité légale de consentir pour lui. Non-seulement la propriété n'est pas transférée, mais il n'y a même pas lieu à la possession civile. La possession de l'acquéreur est viciée par sa mauvaise foi résultant de l'erreur de droit sur laquelle est fondée l'opinion qu'il peut avoir de sa propriété.

§ X V I I.

Des manières dont le contrat de vente peut être révoqué ou annullé.

Le contrat de vente peut être ou révoqué, ou annulé, ou rescindé, ou résolu pour l'avenir.

Il peut être révoqué par le mutuel consentement des parties. Il n'est pas douteux que nous ne puissions défaire librement ce que nous avons fait librement. Notre seule volonté fait loi.

Ce mutuel consentement se présume quelquefois. Par exemple : si je vous vends une seconde fois une même maison à des conditions différentes que celles de la première vente que je vous en avais faite, il est évident que cette seconde vente révoque de droit et de fait la première, la même chose ne pouvant être vendue deux fois à des conditions différentes.

La vente peut être annullée pour cause d'erreur, de défaut de cause et de défaut de lien. (Voyez ce que nous avons dit de ces trois vices des contrats, à la quinzième leçon du second cahier.)

§ X V I I I.

Des manières dont le contrat de vente peut être rescindé.

Le contrat qu'on annulle n'a jamais existé : il était vicieux dans son essence ; jamais il ne peut devenir valable. *Quod ab initio vitiosum est, tractu temporis convalescere non potest.* Il n'en est pas ainsi de la rescision : elle n'est qu'un moyen ouvert à l'une des parties de se faire restituer contre un acte qu'elle prétend contraire à l'équité et au droit ; mais elle peut négliger ce moyen. Son silence, pendant un certain laps de tems, ratifie l'acte qui alors est réputé légal et légitime dès son origine.

Les principales causes de rescision sont le dol, la

violence et la lésion. (Voyez ce que nous avons dit du dol et de la violence, à la quinzième leçon du second cahier, pages 103 et 104.)

La lésion est la trop grande vilité de prix qui se trouve dans un contrat de vente.

Pour qu'il y ait lésion suffisante à la rescision du contrat, il faut que l'acheteur n'ait pas payé la moitié du juste prix. *Si nec dimidia pars veri pretii soluta sit.*

Il y a ici deux mots essentiels à remarquer : 1°. *le vrai prix*, c'est-à-dire, le prix juste. Il y a trois prix d'une chose : le bas prix, le prix moyen et le prix cher. Domat et quelques autres jurisconsultes pensaient que le prix juste était le prix cher ; mais il n'y a pas de raison pour n'en pas dire autant du bas prix. L'un et l'autre sont en effet le prix véritable du jour de la vente ; mais ils n'ont lieu que par une réunion de circonstances étrangères et momentanées. Le seul prix vrai et juste est le prix moyen, qu'on appelle le prix courant, et qui est déterminé par le prix des autres choses du même genre, qui sont vendues dans le même tems. 2°. *N'ait pas payé* : il faut donc que l'acheteur ait payé en effet au moins la moitié du juste prix au jour de la vente. Il ne suffit pas qu'il donne même quantité de valeurs nominales, il faut qu'il fournisse les mêmes valeurs réelles. Par exemple : je vous ai vendu ma maison dix mille francs écus de six francs valeur réelle, et que, dans l'intervalle de la vente au paiement, lesdits écus soient, par une démonétisation, portés à douze livres, vous ne serez pas libéré si vous voulez me compter les écus de six livres du jour de la vente pour douze livres. Dans ce cas, pour établir la lésion, il ne suffit pas que vous prouviez m'avoir payé cinq mille francs valeur nominale, puisqu'ils ne représentent que deux mille cinq cents francs du jour de la vente. Il y aurait ici lésion des trois quarts.

L'action en rescision pour cause de lésion d'outre-moitié n'a lieu que pour les immeubles. Elle n'appartient qu'au vendeur, qui est toujours présumé forcé de vendre par des circonstances malheureuses. L'acquéreur est dans une position toute différente : il n'achète pas par besoin, mais pour placer des capitaux oisifs. Rien ne le presse, rien ne le contraint : il a tous les moyens et le loisir d'examiner si la chose qu'on veut lui vendre vaut le prix qu'on lui en demande.

Pour arbitrer la lésion, il faut estimer ce que valait l'immeuble au jour de la vente : ce qui s'établit par la comparaison avec les immeubles de même nature vendus au même tems.

L'acquéreur, qui succombe dans cette action, à le choix de parfaire le juste prix et de garder la chose, ou de rendre l'immeuble avec les fruits, sauf à réclamer les intérêts du prix qu'il avait payé.

Cette action en restitution est éteinte par le laps de dix ans qui courent, pour les majeurs, du jour du contrat, et, pour les mineurs, du jour de leur majorité.

Tels étaient les principes de l'action en rescision pour cause de lésion d'outre-moitié. Elle a été abrogée par la loi du 14 fructidor an III ; mais elle doit revivre sous un gouvernement essentiellement protecteur des propriétés.

§ X I X.

Comment un contrat de vente peut-il être résolu?

Enfin, le contrat de vente peut être résolu pour l'avenir par quelque action résolutoire. Ces actions naissent des clauses particulières du contrat. Les deux principales sont : la clause de réméré, et le pacte commissoire.

§ X X.

De la clause de réméré.

La clause de réméré est celle par laquelle le vendeur se réserve la faculté de racheter la chose vendue.

La vente faite avec cette clause ne doit pas être assimilée au contrat d'engagement. Celui qui engage une chose en conserve la propriété; il ne transfère à l'engagiste que le droit de la posséder jusqu'au rachat, et d'en percevoir jusqu'à ce tems tous les fruits et toute l'utilité. Mais celui qui vend une chose avec la clause de réméré en transfère la propriété à l'acquéreur, il ne conserve que la faculté de la racheter dans les délais et de la manière convenus.

Cette faculté n'est pas proprement un droit que le vendeur ait dans l'héritage qu'il a vendu avec cette clause : ce n'est qu'une créance de cet héritage qui naît de l'obligation que l'acheteur a contractée de souffrir le rachat, à l'exécution de laquelle obligation l'héritage est affecté. C'est plutôt *jus ad rem*, que *jus in re*.

Ce droit est transmissible aux héritiers, à moins qu'il n'ait été formellement limité à la personne du vendeur.

Il est cessible, car il fait partie des biens du vendeur.

L'action qui en dérive peut s'exercer tant contre l'acheteur que contre ses héritiers et tous ayans cause ; car l'héritage est affecté réellement au droit de réméré ; et l'acheteur ne peut le transporter, le donner, l'aliéner, l'engager que grevé de cette charge.

Au surplus, la chose vendue doit être restituée au vendeur qui exerce le réméré en l'état où elle se trouve, sauf que, si c'est par la faute de l'acheteur qu'elle s'est détériorée, l'acheteur doit être condamné aux dommages et intérêts résultans de cette détérioration. Si l'acheteur a fait à ses dépens des augmentations et des embellissemens, tels que des parquets, des boiseries, des chambranles de cheminée, il peut les retenir, à la charge de remettre la chose dans l'état où il l'a reçue ; mais si ces augmentations sont des plantations ou des bâtimens, il doit les laisser ; il ne peut que réclamer ses impenses.

De son côté, le vendeur ne peut exercer l'action de réméré qu'en rendant à l'acheteur le prix qu'il en a reçu, tous pots de vin et épingles, les loyauts couts de son acquisition, et toutes les impenses nécessaires que l'acheteur a pu faire, autres que celles de simple entretien.

§ X X I.

Du pacte commissoire.

Le pacte commissoire est une convention par laquelle il est convenu entre les parties que, si l'acheteur ne paie pas son prix dans un certain tems, le contrat sera résolu. Mais il faut pour cela que le vendeur n'ait apporté aucun empêchement au paiement, et qu'il veuille user du droit que lui donne ce pacte.

L'action qui naît du pacte commissoire est personnelle-réelle, et peut être intentée contre tout tiers détenteur ; car le vendeur n'ayant aliéné l'héritage qu'aux charges portées au contrat, il l'a affecté à l'exécution des obligations que l'acheteur a contractées envers lui par ce même contrat.

L'acheteur doit restituer avec la chose les fruits qu'il a perçus, et faire raison des détériorations survenues par sa faute dans la chose vendue. Quant au vendeur, il n'est pas même obligé de rendre la somme qu'il a reçue sous le nom d'*arrhes*; il les retient par forme de dommages et intérêts.

§ X X I I.

De la double action qui naît du contrat de vente.

Le contrat de vente produit une double action : 1°. l'action directe *ex empto*, qui appartient à l'acheteur pour se faire livrer la chose vendue, avec tout ce qui en dépend, les titres et les fruits ; 2°. l'action contraire *ex vendito*, accordée au vendeur pour se faire payer le prix convenu, contraindre l'acheteur à recevoir la tradition de la chose vendue, et à payer les impenses que le vendeur a pu faire pour la conservation de la chose.

QUATRIÈME LEÇON.

De la promesse de vendre, et de quelques espèces de ventes particulières.

T'ELS sont les principes généraux du contrat de vente. Il nous reste à dire un mot de la simple promesse de vendre , des arrhes, de quelques espèces particulières de ventes, et des principaux actes équipollens à vente.

PARAGRAPHE PREMIER.

De la promesse de vendre.

La promesse de vendre est une convention par laquelle quelqu'un s'oblige envers un autre à lui vendre une chose. Par exemple : si , dans le contrat de vente que je vous fais de ma bibliothèque , il y a cette clause que je m'oblige de vous vendre aussi mes tablettes, si elles vous conviennent , cette clause renferme la promesse de vous vendre mes tablettes.

En quoi differe-t-elle de la vente?

Trois différences essentielles sont à remarquer entre la vente et la promesse de vendre :

1º. Celui qui promet de vous vendre une chose ne

la vend pas encore ; il contracte seulement l'obligation de vous la vendre , lorsque vous le requerrez.

2°. Le contrat de vente est un contrat synallagmatique , par lequel chacune des parties s'oblige l'une envers l'autre ; mais , dans la promesse de vendre , il n'y a d'engagé que le promettant ; celui à qui la promesse est faite ne contracte aucune obligation.

3°. Celui qui vend une certaine chose devient débiteur de cette chose envers l'acheteur. Cette chose devient dès lors aux risques de l'acheteur à qui elle est due. Mais celui qui promet de vendre ne doit pas encore la chose même , il n'est débiteur que d'un fait. Aussi la chose continue-t-elle d'être à ses risques : si elle périt , c'est lui qui en supporte la perte.

Comment se fait-elle ?

Les promesses de vendre se font de plusieurs manières :

1°. Elles se font avec ou sans limitation de tems. Dans le premier cas , le promettant est déchargé de plein droit de son obligation par le laps de tems. Dans le second cas , pour être quitte de sa promesse , il doit obtenir un jugement portant : Que celui à qui la promesse est faite déclarera dans tel délai s'il entend acheter ; et que , faute par lui , de faire cette déclaration dans ledit délai , le promettant sera libéré de son obligation.

2°. La promesse de vendre peut se faire même sans que le prix soit déterminé. Le débiteur est censé être

(41)

obligé de vendre pour le juste prix , tel qu'il sera réglé
par des experts dont les parties conviendront.

§ I I.

Des arrhes.

Les ventes, et surtout les promesses de vendre , sont
quelquefois accompagnées d'arrhes. On appelle ainsi
ce que l'une des parties donne à l'autre en signe de son
consentement au marché. Il y a deux espèces d'arrhes :
les unes se donnent lors d'un contrat seulement projeté ; les autres après le marché conclu et arrêté.

1°. Les arrhes qui se donnent lors d'un contrat seulement projeté , forment la matière d'un contrat particulier , par lequel celui qui donne les arrhes consent
de les perdre et d'en transférer à l'autre la propriété ,
en cas de refus de sa part de conclure le marché ; et
celui qui les reçoit s'oblige de son côté de les rendre au
double , en cas de pareil refus de sa part. Cette convention n'a pas besoin d'être exprimée.

2°. Les arrhes qui se donnent après le marché
conclu n'ajoutent rien à la force du contrat ; elles ne
sont qu'une preuve qu'il a été passé. Lorsque le marché
n'est pas exécuté , les arrhes sont perdues pour celui
de qui provient l'inexécution. Dans le cas contraire ,
les arrhes sont rendues à celui qui les a données , à
moins qu'elles ne l'aient été par l'acheteur ; le vendeur,
alors , les retient comme à-compte sur le prix , pourvu
qu'il les ait reçues en argent.

Troisième cahier.   C

§ I I I.

De quelques espèces particulières de vente s.

Les principales espèces de ventes particulières, dont nous avons promis de parler, sont : les ventes en justice, les ventes de droits successifs, les ventes de rentes ou de créances, et les ventes de droits litigieux.

Des ventes en justice.

Les meubles et les immeubles se vendent quelquefois en justice.
— *De meubles.*

Les meubles se vendent en justice, soit par le juge à l'audience, soit à l'encan par un huissier. Ces ventes sont ou forcées, comme celles que fait un créancier des meubles saisis sur son débiteur, ou volontaires, comme celles des meubles d'une succession après décès du propriétaire, et au nom des héritiers.

— D'immeubles.

A l'égard des immeubles, la principale espèce de vente en justice est le décret des héritages saisis réellement par des créanciers hypothécaires, soit sur leur débiteur qui en est le propriétaire, soit sur le curateur à la succession vacante, soit sur le curateur créé à l'héritage délaissé pas un tiers détenteur.

On vend aussi de cette manière les héritages dont il

y a plusieurs co-héritiers ou co-propriétaires, parmi lesquels se trouve un mineur. A plus forte raison ne peut-on vendre qu'en justice les héritages appartenans à des mineurs seuls : encore faut-il un jugement préalable, sur avis de parens, constatant nécessité de vendre pour l'acquittement des dettes du mineur.

Les ventes en justice sont pures et simples, ou sous la condition qu'il ne surviendra pas d'enchérisseur. Ces dernières se nomment *adjudications sauf.*

— Pures et simples.

Les ventes de meubles sont toujours pures et simples.

— Sauf.

Celles d'immeubles, surtout celles de biens de mineurs ou de biens saisis, ne deviennent définitives qu'après une ou plusieurs adjudications, sauf décade ou quinzaine.

— Définitives.

Lorsque l'adjudicataire sauf quinzaine reste adjudicataire définitif, mais qu'il y a eu des enchères dans l'intervalle, ce n'est qu'en vertu de la dernière adjudication qu'il devient propriétaire.

Lorsque l'enchère de l'adjudicataire sauf quinzaine n'est pas couverte par des enchères postérieures, son droit de propriété est suspendu jusqu'à l'adjudication définitive, mais il lui est acquis avec effet rétroactif par l'adjudication sauf quinzaine.

§ I V.

De la vente de droits successifs.

On peut vendre une hérédité , ou autrement des droits successifs , pour tout ou partie ; mais il faut que celui dont on vend la succession ait existé, et qu'il soit mort. *Qu'il ait existé :* autrement il n'y a pas de vente , faute d'une chose qui en soit l'objet ; *qu'il soit mort :* car la vente de la succession d'un homme vivant est un acte contraire aux bonnes mœurs. Il serait immoral et illicite de vendre l'espérance de la mort de quelqu'un.

Sur quoi porte-t-elle ?

Au surplus , lorsqu'on vend une hérédité , ce n'est point le titre et la qualité d'héritier , choses incessibles de leur nature , c'est seulement tout ce qui est provenu et proviendra de la succession qui fait l'objet et la matière du contrat : d'où il suit que l'héritier qui a vendu ses droits successifs n'en demeure pas moins héritier , et qu'il n'est point par cette vente libéré des obligations qu'il a contractées en acceptant la succession.

Des engagemens du vendeur.

La vente d'une hérédité , comprenant tout l'émolument que le vendeur en a recueilli, et tout ce qu'il en pourra recueillir, c'est une conséquence qu'il doive livrer à l'acheteur toutes les choses qu'il a provenantes de la succession , non-seulement celles qui existaient au tems de la succession échue, et qui appartenaient au défunt , mais tout ce qui est né et provenu de ces choses depuis la succession échue , tous les fruits naturels et civils , tout ce qui a été exigé des débiteurs , capitaux et intérêts.

De ceux de l'acheteur.

De son côté , l'acheteur des droits successifs est obligé de payer le prix convenu de la cession ; plus , d'indemniser l'héritier de tout ce qu'il lui en a coûté , et de tout ce qu'il pourrait lui en coûter par la suite pour raison de cette succession. Par exemple : de ce qu'il a pu payer pour les frais funéraires aux créanciers du défunt , aux légataires pour réparations , droits de fisc , etc. ; enfin, de lui rapporter et exhiber décharge ou quittance de tous les créanciers de la succession.

Mais qu'arrivera-t-il si , depuis la vente qu'un héritier pour partie a faite à quelqu'un de ses droits successifs , son co-héritier renonce à la succession ? Est-ce au cédant , est-ce au cessionnaire que la part du renonçant accroîtra pour le profit comme pour les charges ? Les docteurs de l'école ont été long-tems partagés sur cette question. Néanmoins on s'est réuni pour le cédant. Cujas et Pothier donnent un très - grand poids à cette opinion : ils se fondent sur ce que toute convention ne renferme que les choses que les parties contractantes

ont eues en vue , et dont il est vraisemblable qu'elles
ont eu intention de traiter. Or , lorsqu'un héritier
pour partie vend à quelqu'un ses droits successifs ,
avant que son co-héritier ait pris qualité , il est vraisemblable que les parties n'entendaient traiter que de
la portion que le vendeur paraissait avoir alors dans la
succession. Cela paraît surtout lorsque le contrat porte
que cet héritier a vendu *sa part* en la succession d'un
tel ; car ces termes *sa part* font assez connaître que les
parties n'ont entendu traiter que d'une part , savoir, de
celle que le vendeur avait alors de son chef, et non du
total de la succession, quoiqu'il pût arriver que ce total
lui appartînt un jour par la renonciation de son co-héritier.

§ V.

De la vente des rentes et créances.

Les rentes et les créances ne peuvent être , à proprement parler , ni possédées , ni livrées , ni vendues ,
ainsi que nous l'avons plusieurs fois observé. Mais
on en peut faire un transport-cession , qui a tous les
caractères d'une vente. On peut encore considérer ce
transport-cession comme un mandat donné par le créancier à l'acquéreur , aux fins de contraindre le débiteur
au paiement. Cette espèce de mandataire s'appelle en
droit *procurator in rem suam* , parce qu'il exerce le
mandat pour son compte , et non pour celui du
mandant.

Elle ne s'accomplit que par la signification.

Nous avons vu que le vendeur d'une chose corpo-
relle n'est exproprié et même dépossédé que par la
tradition qu'il en fait ; de même, tant que le cessionnaire n'a point fait signifier au débiteur le transport
qui lui a été fait, le cédant n'est point dessaisi de la
créance qu'il a transportée. La coutume de Paris est
formelle à cet égard ; elle dit, article CVIII. « Un
« simple transport ne saisit point, et faut signifier le
« transport à la partie, et en bailler copie. »

De là il suit :

1°. Qu'avant la signification le débiteur paie valablement au cédant son créancier.

2°. Que les créanciers du cédant peuvent saisir et
arrêter ce qui est dû par le débiteur dont la dette a
été cédée ; et ils sont préférés au cessionnaire qui n'a
pas, avant cette saisie et arrêt, fait signifier son
transport.

3°. Que, si le cédant a la mauvaise foi de faire un
second transport de la même créance à un autre qui
soit plus diligent que le premier cessionnaire à faire
signifier son transport au débiteur, le second sera
préféré au premier, sauf le recours de celui-ci contre
le cédant.

Des obligations du vendeur.

L'obligation du vendeur d'une rente et de toute
autre créance consiste à en délivrer les titres et à la
garantir.

Il y a deux espèces de garantie des rentes et autres créances : celle de droit et celle de fait.

De la garantie de droit.

Celle de droit est ainsi appelée, parce que le vendeur en est tenu de plein droit, sans qu'il en soit convenu, et par la nature même du contrat. Elle consiste à promettre que la créance vendue est véritablement due au vendeur, et à défendre l'acheteur des demandes de ceux qui en revendiqueraient contre lui la propriété, ou qui y prétendraient des hypothèques.

De la garantie de fait.

La garantie de fait est celle à laquelle le vendeur est obligé, non de plein droit, mais par une clause particulière du contrat.

On en distingue trois espèces : celle de fait simplement dite ; celle de fournir et faire valoir ; et celle de faire valoir après simple commandement.

De celle de fait simplement dite.

La garantie de fait simplement dite est celle par laquelle le vendeur promet que la créance est bonne, et que le débiteur est solvable. Mais, par cette clause, le vendeur ne promet que la solvabilité présente du débiteur, et ne se rend point garant de l'insolvabilité qui surviendrait depuis le contrat.

De la clause de fournir et faire valoir.

La clause de fournir et faire valoir garantit même l'insolvabilité future du débiteur , et contient promesse que la rente ou créance sera toujours bien payée. Au surplus , pour rendre cette clause encore plus claire, lorsqu'il s'agit d'une rente , on ajoute ces mots : *tant en principal qu'arrérages ;* car les termes *arrérages* ne peuvent s'entendre que des futurs , puisque les futurs seuls sont vendus ; enfin , pour lever toute équivoque , il est d'usage d'ajouter encore ; *à toujours.*

De cette clause, dérive , au profit de l'acheteur , une action de recours contre le vendeur , à défaut de paiement de la part du débiteur ; mais il faut que l'insolvabilité de celui-ci soit bien constatée par toutes les diligences d'usage contre les débiteurs en faillite , c'est-à-dire par la discussion de ses biens.

De celle de fournir et faire valoir après simple commandement.

La garantie de fournir et faire valoir après simple commandement est encore plus forte et plus étendue. Le cessionnaire n'est obligé ni de discuter les biens du débiteur : il suffit qu'il l'ait mis en demeure de payer par un simple commandement; ni de s'opposer aux décrets des biens du débiteur; car , en stipulant la garantie après simple commandement, il s'est déchargé de toute autre diligence.

§ V I.

De la vente de créances litigieuses.

On appelle *créances litigieuses* celles qui sont contestées , ou peuvent l'être en total ou pour partie par celui qui en est prétendu débiteur , soit que le procès soit déjà commencé , soit qu'il ne le soit pas encore , mais qu'il y ait lieu de l'appréhender.

Une créance de cette nature peut être vendue , à la charge par l'acheteur de la faire valoir à ses risques et frais , et sans qu'on la lui garantisse. Mais remarquez que le véritable objet de la vente est moins la créance elle-même que l'évènement incertain du procès entrepris ou à entreprendre.

Cette vente diffère de la vente des autres créances en ce que dans celle-ci le vendeur est tenu de garantir que la créance qu'il cède existe et lui appartient ; et que la somme ou la chose lui est effectivement due. Dans celle-là , au contraire , il ne garantit point que la créance existe , il vend ses prétentions telles qu'elles sont , bien ou mal fondées.

CINQUIÈME LEÇON.

Des actes équipollens à vente.

Il est une infinité d'actes qui ne sont pas un contrat de vente , mais qui lui ressemblent sous bien des rapports. Pour ne pas les confondre , il est bon de s'en faire une idée précise: j'en parlerai très-succinctement. Les principaux sont : la dation en paiement , la donation rénumératoire , la donation onéreuse , la donation à rente viagère , l'échange, les partages, les licitations et la transaction.

PARAGRAPHE PREMIER.

De la dation en paiement.

La dation en paiement est un acte par lequel un débiteur donne une chose à son créancier , qui veut bien la recevoir à la place et en paiement d'une somme d'argent ou de quelque chose qui lui est dû.

Cet acte ressemble beaucoup au contrat de vente. La chose donnée en paiement tient lieu de la chose vendue, et la somme dont la dation de cette chose éteint la dette tient lieu de prix.

Néanmoins, ce n'est pas la même chose qu'un débiteur convienne avec son créancier qu'il lui vend une certaine chose pour la somme de..., qui viendra en compensation de celle qu'il lui doit ; ou qu'il soit dit qu'un débiteur donne une telle chose à son créancier en paiement d'une telle somme qu'il lui doit. Voici les principales différences entre l'un et l'autre acte :

1°. Le contrat de vente est un contrat consensuel, qui reçoit sa perfection par le seul consentement des parties, et avant la tradition. La dation en paiement ne s'accomplit que par la tradition, et même par la translation de la propriété de la chose donnée.

2°. Lorsque je vous ai vendu une chose pour telle somme qui viendrait en compensation de pareille somme que je croyais vous devoir, si je viens à découvrir que je ne vous devais pas, ou que je vous devais moins, je ne puis pas réj é.er la chose que je vous ai vendue, mais seulement tout ou partie du prix que, par erreur, j'ai compensé avec une somme que je ne vous devais pas. Au contraire, si je vous ai donné une chose en paiement d'une somme que, par erreur, je croyais vous devoir, c'est la chose même que j'ai droit de vous redemander. La raison en est évidente : dans ce cas, il n'y a pas de cause de l'engagement, ou du moins la cause est fausse, et dès lors point d'obligation.

3°. Celui qui a vendu une chose de bonne foi, s'en croyant le propriétaire, n'est pas précisément obligé d'en transférer la propriété à l'acheteur ; et celui-ci, tant qu'il n'est pas troublé dans sa possession, ne peut pas dire que le vendeur n'a pas rempli son engagement.

Il n'en est pas ainsi de la dation en paiement : elle n'est valable qu'autant que le débiteur transfère au créancier la propriété de la chose que celui-ci a consenti de recevoir en paiement de la somme qui lui était due ; car il n'y a pas de vrai paiement sans translation de propriété.

§ I I.

De la donation rénumératoire.

La donation rénumératoire est l'acte par lequel je vous donne une chose pour prix des services que vous m'avez rendus. Cet acte doit être considéré dans trois espèces distinctes.

1°. Lorsqu'une donation rénumératoire est faite pour récompense de services mercenaires appréciables à prix d'argent, et pour lesquels celui qui les a rendus aurait action pour obtenir son salaire, la valeur des choses données excède, ou non, celle des services. Dans ce dernier cas, cet acte, qualifié de donation, n'en a que le nom : il est une véritable dation en paiement.

2°. Lorsque la valeur des choses données excède celle des services, la donation rémunératoire devient un acte mixte. Elle est dation en paiement jusqu'à concurrence de la valeur des services ; et elle est donation pour ce que les choses valent de plus.

3°. Lorsque la donation rénumératoire est faite en récompense de services qui ne sont pas de nature à être appréciés à prix d'argent, et pour lesquels celui qui les a rendus n'aurait pas d'action , c'est une pure donation qui ne tient en rien du contrat de vente , quelque importans que soient les services rendus.

§ I I I.

De la donation onéreuse.

La donation onéreuse est celle qui est faite sous la condition de certaines charges que le donateur impose au donataire. Je dois encore , pour bien analyser cet acte , établir trois espèces :

1°. Si les charges sont appréciables à prix d'argent et qu'elles égalent la valeur de la chose donnée , un tel acte n'a que le nom de donation; il tient du contrat de vente. Le donateur contracte les mêmes obligations qu'un vendeur ; et le donataire de son côté contracte l'obligation d'acquitter les charges qui lui sont imposées.

2°. Si les charges sont de moindre valeur que la chose donnée, si, par exemple, je vous ai donné un héritage de 3o,ooo liv. , sous des charges appréciables à 20,ooo livres, l'acte est mixte; il est vente pour les deux tiers, et donation pour l'autre tiers.

3°. Lorsque les charges ne sont pas appréciables à prix d'argent , l'acte est une vraie donation qui ne tient en rien du contrat de vente. Le donataire, en cas d'éviction, n'a aucun recours contre le donateur; il est seulement quitte des charges, s'il ne les a pas acquittées ; et s'il les a acquittées , il ne peut prétendre aucune récompense.

§ I V.

De la donation à rente viagère.

La donation à rente viagère est l'acte par lequel quelqu'un donne une chose en propriété , à la charge par le donataire de lui payer une certaine somme annuelle sa vie durant. Ou cette rente est égale au revenu de la chose cédée , ou elle est plus forte.

1°. Lorsque la rente excède notablement le revenu de l'héritage , de manière qu'elle peut paraître en renfermer le prix, l'acte n'a que le nom de donation. C'est un contrat semblable au contrat de vente , et qui produit les mêmes effets.

2°. Lorsque la rente est à peu près égale au revenu de l'héritage , c'est une vraie donation ; la rente paraissant être plutôt le prix de la jouissance que le donateur pouvait se réserver , que le prix de l'héritage même.

§ V.

De l'échange.

L'échange, qui précéda le contrat de vente chez les premiers peuples de la terre , et qui en tient encore lieu chez ceux qui ne connaissent pas l'usage de la monnaie , est un acte par lequel l'un des contractans s'o-

blige à donner une chose à l'autre à la place immédiatement d'une autre chose que l'autre contractant s'o-
blige à lui donner.

J'ai dit *immédiatement*, car, si nous convenions
ensemble que je vous donnerai telle chose pour un
certain prix, en paiement duquel vous me donnerez
de votre côté une autre chose, cette convention renferme une vente que j'ai faite de ma chose, et une dation de la vôtre, que vous me faites en paiement du
prix de la mienne.

Il faut aussi, pour qu'il y ait contrat d'échange,
que chacun des permutans compare la valeur de la
chose qu'il donne à la valeur de celle qu'il reçoit, et
qu'il ait intention d'acquérir à peu près autant qu'il
donne ; car, si deux amis se donnent réciproquement,
l'un une chose, l'autre une autre, sans avoir égard
à leur valeur, c'est une donation mutuelle qu'ils se
font.

Il y a une foule de rapports entre la vente et l'é-
change. Dans ce dernier contrat, comme dans le premier, chacun des contractans s'oblige envers l'autre à
lui livrer la chose qu'il a promis de lui donner, à le garantir des évictions, ainsi que des charges réelles et
des vices redhibitoires ; et, s'il ne satisfait pas à son
obligation, il est tenu des dommages et intérêts résultans de l'inexécution, de même que le vendeur en est
tenu envers l'acheteur. Pareillement, tout ce qui a
été dit touchant les obligations qui naissent de la
bonne foi qui doit régner dans les contrats commu-

que la propriété ne lui a pas été transférée , et qu'elle n'appartenait pas à son co-permutant , n'est pas obligé de son côté à donner celle qu'il a promise. Tout ce que l'autre peut prétendre , c'est qu'on lui rende ce qu'il a donné.

§ V I.

De l'acte de partage.

Selon le droit romain , le partage entre co-héritiers ou tous autres co-propriétaires était regardé comme une espèce de contrat d'échange, par lequel j'étais censé permuter la propriété indivise que j'avais dans les choses qui tombaient dans votre lot , contre celle que vous aviez dans les choses qui tombaient dans le mien.

Il n'en est pas ainsi dans nos lois. Nous n'attachons au mot *partage* d'autre idée que celle qui détermine , aux seules choses qui tombent dans notre lot , la part que nous avions dans la masse commune. Avant le partage , chacun des co-partageans est propriétaire de la masse pour une moitié , un tiers , un quart , une portion quelconque qui n'a rien de certain , et déter-miné par rapport à ce dont elle doit être composée : ce n'est que le partage qui la détermine aux choses qui lui sont assignées. Par exemple : lorsque des co-héritiers partagent ensemble les biens d'une succession , le par-tage détermine la part de chacun des héritiers , dans la succession , aux choses qui tombent dans son lot , telle-ment, que chacun des héritiers est censé avoir, dès l'ins-tant de la mort du défunt , succédé en ces dites choses pour le total , et n'avoir succédé en rien de ce qui est tombé dans les autres lots. La portion de chacun est présumée avoir été , dès le commencement , composée de ce qui lui est échu en partage , et n'avoir jamais rien compris de ce qui est incombé à ses co-héritiers.

Il y a trois différences notables entre le partage et le contrat de vente :

1°. Les co-partageans contractent par le partage l'obligation réciproque de se garantir mutuellement les choses qui tombent dans leurs lots respectifs. Mais cette obligation diffère de celle qu'un vendeur contracte envers l'acheteur, ou tout autre cédant envers son cessionnaire. Le vendeur , ou tout autre cédant à titre onéreux , en conséquence de son engagement de faire avoir la chose librement et à titre de propriétaire , est tenu envers l'acheteur, en cas d'éviction , non-seulement à la restitution du prix , mais à tous les dommages et intéréts que l'acheteur répète à cause des augmentations intrinsèques et extrinsèques survenues à la chose. Au contraire , lorsqu'un co-héritier ou autre co-partageant à souffert éviction d'une chose tombée en son lot , ses co-partageans sont seulement tenus de lui faire raison de la somme pour laquelle cette chose lui avait été donnée en partage , laquelle raison ils doivent lui faire , chacun selon sa part , la sienne demeurant confuse. Mais ils ne sont aucunement susceptibles des dommages et intéréts résultans de l'éviction par rapport aux augmentations survenues depuis le partage en la chose évincée.

2°. Lorsqu'une rente est vendue, la garantie du

vendeur ne consiste qu'à défendre l'acheteur des évictions des tiers qui prétendraient que la rente leur appartient ou leur est hypothéquée ; mais le vendeur n'est
pas garant de l'insolvabilité du débiteur de la rente,
surtout si elle est survenue depuis le contrat, à moins
qu'il ne s'y fût formellement obligé par la clause *de
fournir et faire valoir*. Les co-partageans, au contraire, sont et demeurent garans de l'insolvabilité des
débiteurs des rentes tombées dans leurs lots respectifs,
pendant les trente ans qui suivent le partage.

3°. Lorsque plusieurs m'ont vendu ou échangé une
chose, chacun d'eux n'est tenu envers moi de la garantie, en cas d'éviction, que pour sa part, et il n'est aucunement responsable de l'insolvabilité de ses co-ven-
deurs, à moins que, par une clause particulière, ils
ne se fussent solidairement obligés à la garantie. Il en
est autrement entre co-partageans : si nous sommes
quatre qui avons partagé une succession, que j'aie
souffert une éviction pour la valeur de douze mille fr.,
et qu'un de mes co-partageans soit insolvable, la perte
que je souffre de son insolvabilité se répartira sur les
deux qui sont solvables et sur moi. Ainsi, chacun de
mes co-partageans solvables, outre les trois mille fr.
qu'il me doit des on chef, me devra encore mille fr.
pour le tiers des trois mille francs dont l'insolvable
était tenu envers moi.

§ V I I.

De la licitation.

On entend par licitation un acte par lequel des co-héritiers ou autres co-propriétaires par indivis d'une chose, la mettent entre eux à l'enchère, pour être adjugée et appartenir au plus offrant et dernier enchérisseur, à la charge par lui de payer à chacun de ses co-propriétaires une part dans le prix de l'héritage adjugé, pareille à la part indivise que chacun d'eux avait dans l'héritage licité avant l'adjudication.

Cette licitation tient lieu de partage, et, comme lui, n'est autre chose qu'un acte dissolutif de communauté. De même que, dans un partage, le co-héritier auquel est tombé le lot le plus fort à la charge d'un retour en deniers ou en rentes, est censé avoir hérité de tout ce qui est tombé dans son lot à charge de retour, et n'en rien tenir de ses co-partageans; de même, dans les licitations, le co-héritier est censé avoir été saisi seul par le défunt du total de l'héritage, dont il s'est rendu adjudicataire, et n'en tenir aucune part de ses co-licitans. La loi qui les appelait avec lui à la succession se charge seulement de leur payer une part du prix de l'héritage adjugé, pareille à la part indivise qu'ils avaient dans la succession. La licitation a déterminé l'estimation en argent de la part pour laquelle ils étaient héritiers, de manière qu'ils sont censés n'avoir pas été saisis d'autre chose.

Il suit de ces principes :

1°. Que l'adjudicataire n'est pas tenu des hypothèques des créanciers particuliers de ses co-licitans. Les
créanciers particuliers de chacune des parties lici-
tantes peuvent seulement intervenir à la licitation et
saisir le droit de leur débiteur, à l'effet de toucher en
sa place la part qui lui reviendra dans le prix de la licitation ; mais s'ils l'ont laissé toucher à leur débiteur,
ils ne peuvent rien demander à l'adjudicataire qui n'a
rien acquis de ses co-licitans.

2°. Que les co-licitans de l'adjudicataire n'étant
pas proprement vendeurs de leur part, ils ne sont pas
tenus de la même garantie dont un vendeur est tenu
envers l'acheteur. Ils ne sont susceptibles envers lui que
de la garantie que se doivent des co-partageans, laquelle ne doit consister que dans la restitution de ce
que chacun a touché du prix de la licitation, soit pour
le total, si l'adjudicataire a souffert éviction du total ;
soit pour partie, s'il n'a souffert éviction que d'une
partie de l'héritage.

§ V I I I.

De la transaction.

On appelle transaction tout acte par lequel deux ou
plusieurs personnes terminent irrévocablement, et à
l'amiable, un procès né ou à naître. Cet acte est susceptible d'une infinité de clauses particulières. La principale est celle par laquelle un des contractans donne

à l'autre une certaine chose , pour éviter les demandes que celui-ci avait formées , ou devait former contre lui , ou en reçoit une somme d'argent , moyennant laquelle il renonce à ses prétentions sur certaines choses.

1°. Lorsque, pour vous faire désister d'une demande que vous aviez formée , ou que vous deviez former contre moi , je vous ai donné une certaine chose, cet acte n'est pas tout à fait une vente , mais il en a presque tous les effets. Dans ce cas , je reçois de vous l'équivalent de la chose que je vous donne , savoir , le désistement de votre demande : désistement que j'ai intérêt d'avoir , qui est quelque chose d'appréciable , et qui s'est effectivement apprécié par la transaction à la valeur de la chose que je vous ai donnée pour l'obtenir. Aussi contracté-je par cette transaction la même obligation de garantie envers vous que contracte un vendeur envers un acheteur.

2°. Il en est autrement , si je vous avais , moyennant une somme que j'ai reçue de vous , laissé la chose même qui faisait l'objet du procès entre nous , en me désistant de la demande que j'avais donnée contre vous pour cette chose. Je ne suis pas en ce cas obligé envers vous à la garantie de cette chose; et, si vous en souffrez éviction, vous ne pouvez rien me demander , pas même la restitution de la somme que vous m'avez donnée; car, par notre transaction, je ne vous ai pas cédé cette chose ; je vous l'ai laissée telle que vous l'aviez ; je me suis seulement désisté des prétentions incertaines que j'avais sur elle, et de la demande que j'avais formée contre vous : l'argent que vous m'avez donné est le prix non pas de cette chose, mais de mon désistement.

SIXIÈME LEÇON.

DU CONTRAT DE LOUAGE.

PARAGRAPHE PREMIER.

Qu'est-ce que le louage ?

Le contrat de louage est celui par lequel l'un des contractans s'oblige de faire jouir ou user l'autre d'une chose pendant le tems convenu, et moyennant un certain prix que l'autre de son côté s'oblige de lui payer.

Celui qui s'oblige à faire jouir l'autre s'appelle loca-teur ou bailleur ; l'autre se nomme conducteur, pre-neur, locataire, quelquefois colon ou fermier, lors-que ce sont des biens de campagne qui sont loués.

Ce contrat est du droit des nations, consensuel, synallagmatique, intéressé de part et d'autre, et commutatif.

§ I I.

Des choses qui sont de l'essence de ce contrat.

Trois choses sont de l'essence du louage : la chose louée, le prix et le consentement des parties.

De la chose louée.

On ne peut concevoir un contrat de louage sans une chose dont la jouissance ou l'usage soit accordé par le locateur au locataire pour le tems convenu entre eux. Il faut donc, 1°. qu'il y ait une chose ; 2°. qu'elle soit susceptible de louage ; 3°. qu'il y ait un tems pendant lequel doive durer cette jouissance ; 4°. qu'il y ait une jouissance ou usage de cette chose qui soit l'objet et la matière du contrat.

1°. Il faut qu'il y ait une chose ; mais il n'est pas nécessaire qu'elle soit déterminée. Par exemple : je puis faire marché avec un loueur de chevaux non-seulement pour le louage d'un tel cheval, mais pour le louage d'un cheval indéterminément, sans spécifier celui qu'il doit fournir. Le loueur a rempli son obligation s'il m'a fourni un cheval quel qu'il soit, pourvu qu'il soit d'une bonté commune et ordinaire, et capable de me rendre le service pour lequel je l'ai loué.

2°. On peut louer toutes sortes de choses, corporelles et incorporelles, mobiliaires et immobiliaires, bien entendu que la chose soit susceptible de jouissance. Par exemple : il serait ridicule de louer une créance , un droit d'hypothèque ; mais une servitude peut être l'objet d'une location.

On peut louer un usufruit ; mais on ne peut pas donner à loyer la chose dont on n'a que le simple usage , parce que l'usage est un titre de possession tout à fait personnel à celui qui l'exerce. Je vous ai prêté ma maison de campagne ; mais c'est à vous seul et pour vous seul que je l'ai prêtée : il ne me conviendrait peut-être pas d'en donner l'usage à tel autre que ce soit au monde.

Il est de même évident que du bled , du vin , du foin ne peuvent pas se louer , ces sortes de choses se consommant par l'usage qu'on en fait. Il est de l'essence du contrat de louage que la propriété de la chose louée reste par-devers le locateur : or , que devient pour moi la propriété du vin , du bled , du foin que je vous livre pour en user, à moins que ce ne soit pour l'ostentation.

3º. L'espèce de jouissance ou d'usage qu'on accorde par un bail, y est exprimée ou non. Dans le premier cas, le locataire ne peut pas se servir de la chose pour un autre usage que celui spécifié. Par exemple : si je vous ai loué un cheval pour aller à Lyon , il ne vous est pas permis de le mener plus loin. Si , voulant bonifier un champ, je l'ai donné à ferme à un laboureur pendant un certain nombre d'années, pour y faire du sain-foin et de l'avoine , il ne lui est pas permis de s'en servir pour un autre usage , et d'y semer de l'orge ou d'autres grains. Dans le second cas, le contrat n'en est pas moins valable ; alors la jouissance et l'usage sont ceux auxquels la chose est destinée par sa nature et par la coutume ; et le locateur peut empêcher le preneur de la faire servir pour d'autres usages. En conséquence, si je vous ai donné à loyer une maison qui n'était auparavant habitée que bourgeoisement, vous ne pouvez pas y construire une forge, à moins que votre profession ancienne et existante encore au moment du bail n'eût été notoirement connue pour celle de serrurier : car vous n'êtes censé louer une maison que pour la faire servir à l'exercice de votre profession.

L'usage pour lequel une chose est louée doit encore être honnête et conforme aux bonnes mœurs. Ainsi, je ne puis pas vous donner à loyer une maison pour en faire un lieu de prostitution. S'il était prouvé qu'en vous la louant j'avais connaissance de cette destination, non-seulement le contrat est nul, mais nous sommes tous deux justiciables de la police. Si c'est vous seul, locataire, qui avez abusé du bail que je vous ai fait pour former un pareil établissement, j'ai droit de demander la résiliation du bail, et même de vous poursuivre en dommages et intérêts pour le mauvais renom que vous avez donné à ma maison.

4°. Les contrats de louage, ou de baux à loyer, se font pour un tems limité, et non pas à toujours. Le tems est exprimé par le contrat, ou il ne l'est pas. Dans le premier cas, l'acte fait foi, et la jouissance du locataire finit de plein droit au jour indiqué par le bail ; dans le second cas, il s'agit ou d'un bien de campagne, ou d'une maison de ville, ou d'une chose mobiliaire.

Lorsque c'est une terre qui est louée, le tems est limité à celui nécessaire au fermier pour en percevoir tous les fruits. Si les fruits se recueillent tous les ans, comme dans un pré, une vigne, etc., le bail est censé fait pour un an. S'il faut trois années pour recueillir tous les fruits, comme dans certaines terres de la Beauce, où une partie s'ensemence en bled, une seconde en avoine ou autres mêmes grains, et une troisième se repose, le bail est réputé fait pour trois ans. De même, lorsque les bois-taillis d'un domaine sont partagés en plusieurs coupes, par exemple, en douze coupes dont il s'en fait une tous les ans, le bail est présumé fait pour douze ans.

S'il s'agit d'une maison de ville, il y a chez nous quatre termes pour chaque année, d'où les baux commencent et où ils finissent : le premier vendémiaire, le premier nivôse, le premier germinal et le premier messidor. Faute de bail écrit où le tems soit limité, la jouissance dure toujours jusqu'à l'un de ces termes, pour lequel l'une ou l'autre des parties doit donner ou prendre congé. Ce congé doit être donné quarante-cinq jours pleins avant l'échéance du terme pour les appartemens de 400 liv. et au-dessous, trois mois pour ceux qui sont loués au-delà de 400 liv. , et six mois pour les boutiques et les maisons entières.

A l'égard du louage des chambres garnies ou des meubles, si le prix est fixé à raison de tant par an, le bail est d'un an ; s'il est dit à raison de tant par mois, ou par décade, ou par jour, le bail est d'un mois, d'une décade ou d'un jour ; et les parties ne sont réciproquement obligées que pour ce tems.

§ I I I.

Du prix convenu.

Il faut, en second lieu , pour constituer un contrat de louage , qu'il y ait un prix convenu. Ce prix, comme dans le contrat de vente, doit être vrai et sérieux , certain et déterminé , et stipulé en argent.

1°. *Vrai et sérieux.* — Car s'il n'était d'aucune considération , comme si une métairie était louée pour un écu, ce ne serait pas un contrat de louage, mais un contrat de prêt à usage. Il n'est pourtant pas nécessaire que ce prix égale la juste valeur de la jouissance de la chose louée. Il y a plus , quelque vilité qu'il y ait dans le prix, le contrat est valable. Aussi, la lésion énorme qui autrefois était une des causes de rescision pour les contrats de vente, n'en était pas une pour les contrats de louage. La raison en était que la lésion ne pouvait s'appliquer qu'aux fruits de l'héritage, qui sont quelque chose de mobilier ; qu'affermer une terre, c'est en effet vendre tous les fruits qui pourront être récoltés pendant le tems du bail, et que les ventes de choses mobiliaires n'é-taient pas sujettes à rescision pour cause de lésion.

2°. *Certain et déterminé.* — Tout ce que nous avons dit sur cet article pour le contrat de vente reçoit son entière application au contrat de louage.

3°. *Stipulé en argent.* — Autrement ce n'est pas un contrat de louage. Par exemple : lorsqu'un pauvre laboureur, qui n'a qu'un cheval, fait convention avec son voisin que celui-ci lui donnera l'usage de son cheval pendant un certain nombre de journées, il n'y a point de louage : ce n'est là qu'une de ces innombrables conventions qui n'ont pas de nom particulier.

Ce principe, néanmoins, reçoit une exception pour les baux de terres ; car le prix de ces baux peut fort bien consister en une certaine quantité de fruits, tels que la terre les produit. On loue souvent une métairie pour tant de septiers de bled ; une vigne pour tant de pièces de vin, une terre plantée en oliviers pour tant de tonneaux d'huile. Ces sortes de baux se nomment *moisons.* Quelquefois aussi une terre est affermée pour une partie aliquote des fruits qui y seront récoltés pour le *tiers,* la moitié, les trois quarts. On appelle *partiaires* ces sortes de baux.

§ I V.

Du consentement des parties.

Il faut, en troisième lieu, pour former un contrat de louage le consentement des parties. Il doit intervenir, de la part de personnes capables de contracter, sur la chose qui est louée et sur ses qualités substantielles, sur l'usage pour lequel la chose est louée, sur le tems que doit durer le bail, sur le prix, sur le louage même.

1°. *De la part de personnes capables de contracter.* — Tous ceux qui peuvent vendre et acheter peuvent prendre et donner à loyer. Observons seulement que l'usufruitier, n'ayant que le droit d'user et non celui de mésuser, ne peut louer la chose dont il a l'usufruit que par les usages auxquels elle a coutume de servir. Si la maison dont il est usufruitier est une maison bourgeoise, le propriétaire a droit de s'opposer au bail qu'il en ferait à un cabaretier pour en faire un cabaret, ou à un maréchal pour y faire une forge. Il en est de même du locataire, il peut sous-bailler pour le tems de la jouissance ; mais il y a des personnes de certaines professions auxquelles le propriétaire peut l'empêcher de sous-bailler.

2°. *Sur la chose louée et sur ses qualités substantielles.* — Il n'y aura donc pas de contrat si je pense vous donner à ferme certaine métairie, et que vous pensiez que ce soit une autre. De même, si je vous loue certaine pièce de terre qui était en pré, qui depuis a été convertie en terre labourable, mais que vous croyiez en pré, il n'y a point de louage, faute de consentement sur la qualité substantielle de la chose.

3°. *Sur l'usage pour lequel la chose est louée.* — C'est pourquoi, si j'entends vous donner mon cheval à loyer pour 'e monter, et que vous entendiez le louer pour le mettre à une voiture, le contrat est nul, ou plutôt n'a jamais existé.

4°. *Sur le tems que doit durer le bail.* — Si donc je vous loue ma maison pour trois ans, et que vous vouliez la prendre pour neuf, il n'y a pas de contrat. Si, cependant, le locataire est entré en jouissance, il doit continuer l'année commencée pour le prix du bail.

5°. *Sur le prix.* — Si mon intention est de vous affermer ma terre moyennant 600 liv., et que vous ne vouliez la prendre que pour 500 liv., tant que nous ne nous serons pas rapprochés sur le prix, il n'y aura pas de contrat. Mais si, au contraire, je n'ai entendu vous demander que 500 liv., et que vous ayez l'intention de m'en donner 600 liv., le contrat est bon pour 500 liv. de loyer, parce que je me suis contenté de cette somme, et que vous, qui consentiez à m'en donner une plus forte, êtes censé à plus forte raison avoir consenti pour une moindre.

6°. *Sur le louage même.* — Il faut, en conséquence, que les deux parties aient eu l'intention de faire un contrat de louage; car si l'un comptait vendre, et l'autre louer, le contrat serait nul par défaut de consentement.

SEPTIÈME LEÇON.

SUITE DU CONTRAT DE LOUAGE.

§ V.

Des engagemens du locateur.

AINSI que ceux du vendeur, les engagemens du locateur naissent de la nature particulière du contrat, de la bonne foi et des clauses particulières de l'acte

De ceux qui naissent de la nature particulière du contrat.

Il est dans la nature particulière du contrat de louage que le locateur délivre au locataire la chose qui lui est louée, pour qu'il puisse en jouir et s'en servir; qu'il n'apporte aucun trouble à sa jouissance, et qu'il le garantisse de ceux qui pourraient y être apportés par d'autres; qu'il entretienne la chose de telle manière que le locataire puisse en jouir; qu'il le garantisse que la chose qu'il lui a louée n'a point certains vices qui empêcheraient d'en jouir; enfin qu'il le garantisse des charges réelles.

Troisième cahier.   E

1°. A quoi s'étend l'obligation de livrer la chose au locataire ? aux frais de qui, quand et où la tradition doit-elle se faire ? Ce que nous avons dit, à cet égard, au chapitre du contrat de vente, reçoit son entière application au contrat de louage.

2°. Sur le second chef d'obligation, il faut examiner en quel cas le locateur est censé apporter du trouble à la jouissance de son preneur, et de quels troubles apportés par les tiers il est obligé de le défendre et le garantir.

C'est un trouble que le locateur d'une métairie apporterait à la jouissance de son fermier, s'il en percevait quelques fruits, à moins qu'il ne se les fût expressément réservés. De même, si j'envoie les bestiaux d'une autre métairie, que je fais valoir par mes mains, paître dans les prairies dépendantes de celle que je vous ai affermée.

Le locateur troublerait encore la jouissance de son preneur s'il changeait la forme d'une partie considérable de ladite métairie. S'il voulait convertir une pièce de terre labourable en pré, ou la faire planter en bois, le fermier est en droit de s'opposer à ce changement, quelque dédommagement que lui offre le bailleur.

A l'égard des maisons de ville, c'est troubler mon locataire dans sa jouissance que de faire quelque chose qui tende à la diminuer, et à lui rendre la maison moins commode. Par exemple : si j'entreprends d'ouvrir, dans le mur mitoyen de la maison que je vous ai louée, et de la maison voisine qui m'appartient, une fenêtre qui me donne vue sur la vôtre ; ou si j'y établis un égout pour faire tomber les eaux de la mienne sur la vôtre, c'est un trouble auquel vous avez le droit de vous opposer.

Les réparations nécessaires et urgentes ne sont pas un trouble apporté à la jouissance du locataire. Celui-ci seulement peut prétendre une remise de loyer pour la partie de la maison que ces réparations rendent inhabitable, pourvu qu'elles durent plus de deux mois.

Dans le cas de troubles apportés par des tiers, le locateur n'est pas tenu des simples voies de fait, mais seulement des troubles judiciaires qui ont lieu lorsqu'un tiers intente une demande contre le fermier, aux fins de lui délaisser l'héritage, ou quelque partie d'icelui, dont le demandeur soutient être propriétaire ou usufruitier, soit aux fins que le fermier soit obligé de souffrir l'exercice de quelque droit de servitude, dont il n'avait pas été chargé par son bail.

Au surplus, pour connaître ceux de ces troubles que le locateur doit garantir, on peut établir les règles suivantes :

Première règle. — Lorsque la cause de l'éviction que le conducteur a soufferte de la part d'un tiers de la jouissance de l'héritage qui lui a été loué, ou d'une partie d'icelui, ou seulement lorsque le germe de cette cause existait dès le tems du bail, le locateur

est garant de cette éviction , soit qu'il en eût connaissance, ou non.

Seconde règle. — Lorsque le preneur, en passant le
bail , avait connaissance du droit du tiers, le locateur n'en est pas garant, à moins qu'ayant eu lui-
même connaissance de ce droit, il ne se fût spécialement obligé à la garantie.

Troisième règle. — Il n'y a pas lieu à la garantie
lorsque le preneur est lui-même garant de cette éviction envers le bailleur.

Quatrième règle. — Lorsque la cause de l'éviction
n'a existé que depuis le bail , le locateur en est
encore garant, mais seulement si elle procède de son
fait.

Cinquième règle. — Le bailleur est garant non-
seulement des évictions qui privent entièrement le
conducteur de la jouissance de tout ou partie de
l'héritage loué , mais de tout trouble tendant à gêner
et diminuer cette jouissance.

Sixième règle. — Il y a lieu à garantie soit que
le trouble ait été fait au conducteur lui-même , ou
à ses sous-locataires.

Cette action de garantie, que le preneur a contre
le locateur, a deux objets :

1°. La décharge du loyer pour le tems du bail
restant à courir;

2°. Les dommages et intérêts résultans des frais
de déménagement, et des impenses extraordinaires
que le preneur a faites sur l'héritage, qui ne sont pas

de nature à être enlevées, et dont il n'a pas été dédommagé par la perception des fruits.

3°. Le troisième chef d'obligation que le bailleur contracte envers son preneur est d'entretenir la chose de manière qu'il puisse en jouir. Par exemple : le locateur d'une maison est obligé à toutes les réparations nécessaires, pour que toutes les chambres dont elle est composée soient exploitables convenablement à la qualité de la maison, soit que ces réparations fussent à faire dès le tems du contrat, soit qu'elles surviennent durant le cours du bail. Il doit surtout tenir son locataire clos et couvert, et par conséquent faire aux couvertures les réparations nécessaires pour empêcher qu'il ne pleuve dans les bâtimens ; celles aux portes et aux fenêtres, pour que la maison et les différentes chambres qui la composent soient closes, de manière que le locataire et ses effets soient en sûreté.

4°. Nous avons dit que le locateur doit garantir son preneur que la chose louée n'a pas certaines vices qui empêcheraient d'en user ; c'est-à-dire qu'il est susceptible envers lui des dommages et intérêts résultans du défaut de jouissance que ces vices peuvent occasionner : car il ne peut pas garantir la non existence des vices.

Les vices de la chose louée, à la garantie desquels le locateur est obligé sont ceux qui en empêchent entièrement l'usage : comme si, dans la prairie que vous m'avez louée pour y faire paître mes bestiaux, il croît des mauvaises herbes qui les font mourir ; ou si vous m'avez loué des vaisseaux pour y mettre mon vin à la vendange , et qu'ils soient d'un bois poreux qui ne puisse contenir le vin.

Au surplus , le bailleur est garant des vices , soit qu'il en ait eu connaissance , ou non , lors du bail , soit qu'ils existassent dès le tems du contrat , ou qu'ils ne soient survenus que depuis , soit qu'ils se trouvent dans la chose principale , ou dans les choses accessoires , pourvu qu'ils empêchent la jouissance de la chose louée.

L'action donnée en ce cas au conducteur a pour objet principal la résolution du contrat de louage , et la décharge des loyers. Elle a quelquefois un second chef , savoir : la poursuite en dommages et intérêts que le conducteur a soufferts des vices de la chose louée , mais seulement lorsque les vices existaient dès le tems du contrat : encore faut-il que le bailleur en ait eu ou dû avoir une connaissance positive.

5°. Le propriétaire qui loue son héritage en conserve non-seulement la propriété , mais encore la possession et la jouissance , car il en jouit par son fermier. D'où il suit que c'est le propriétaire qui doit supporter toutes les charges d'un héritage. C'est donc à lui à payer toutes les rentes et impositions foncières , à moins que le conducteur ne s'en soit chargé par le bail. Et si , faute de paiement de ces rentes et impositions, le locataire était troublé dans sa jouissance , il aurait droit à des indemnités contre le bailleur.

§ V I.

*Des engagemens du locateur qui naissent de la bonne
foi.*

La bonne foi oblige tout bailleur à rembourser au
conducteur toutes les impenses nécessaires et extraordinaires qu'il a faites à l'égard de la chose louée. Par
exemple : si j'ai pris à loyer un cheval pour un voyage ,
et que , dans le cours de ce voyage , il soit survenu
sans ma faute une maladie à ce cheval , le locateur est
obligé à me rembourser tous les frais de pansemens et
de médicamens que j'ai faits de bonne foi , soit que le
cheval soit guéri , soit qu'il soit mort de cette maladie.

§ V I I.

*De ceux qui naissent des clauses particulières de
l acte.*

Quelque clause particulière que contienne un contrat de louage , le bailleur est obligé de les remplir.
S'il s'est engagé à faire quelques ouvrages , ou quelques embellissemens à la maison qu'il a louée , il est
strictement tenu de les faire. Au surplus, ce que nous
avons dit sur la quantité et la qualité que doit fournir le
vendeur s'applique au contrat de louage.

§ V I I I.

Des engagemens du preneur.

Les engagemens du locataire ou fermier naissent de la nature particulière du contrat, de la bonne foi, de la coutume, ou des clauses particulières de l'acte.

De ceux qui naissent de la nature particulière du contrat.

Le conducteur, locataire ou fermier, est obligé, par la nature particulière du contrat de louage, à payer le loyer, à ne faire servir la chose qu'aux usages pour lesquels il l'a prise à bail, à donner à la conservation de cette chose le soin convenable, et à la rendre en bon état à l'expiration du bail.

§ I X.

De l'obligation de payer le loyer.

1°. Point de doute que le conducteur ne puisse être tenu de payer le loyer. Mais quand et où doit-il le payer? dans quels cas peut-il en prétendre la remise? comment le paiement en est-il assuré au locateur?

Quand et où doit-il être payé?

Si l'on est convenu d'une seule somme pour tout le tems du bail, le loyer doit être payé, et n'est exigible qu'à l'expiration du bail. Si le loyer est distribué en plusieurs sommes , ou par chaque décade , ou par chaque mois , ou par chaque quartier , ou par chaque sémestre , ou par chaque année , ou seulement par chaque jour , la convention fait foi , et doit être exécutée selon sa forme et teneur. Lorsqu'une métairie est louée pour une seule somme pour chaque année , s'il n'y a pas de jour déterminé pour le paiement , les fermages ne sont exigibles qu'après la récolte faite et engrangée.

Lorsque le lieu du paiement est exprimé par le contrat , c'est en ce lieu qu'il doit être fait ; sinon , il n'est exigible qu'au domicile du conducteur.

Quand y a-t-il lieu à la remise du loyer ?

Dans quel cas le locataire ou fermier a-t-il droit à la remise de ses loyers ? Voici les principes que l'on peut établir à cet égard :

Premier principe. — Le conducteur doit avoir remise du loyer pour le tout , lorsque le bailleur n'a pu lui procurer la jouissance ou l'usage de la chose louée.

Second principe. — Le locataire, que le bailleur n'a pu faire jouir pendant une partie du bail , doit avoir la remise du loyer pour le tems où il n'a pu jouir.

Troisième principe. — Le conducteur que le locateur n'a pu faire jouir de quelque partie de la chose louée doit avoir la remise du loyer pour le tems qu'il n'a pas eu ni pu avoir cette jouissance.

Quatrième principe. — Le locataire ou fermier ne

peut demander remise du loyer, lorsque l'empêchement est venu de sa part.

Cinquième principe. — Le loyer n'est dû que pour la
jouissance que le locataire a eue en vertu du bail.

Sixième principe. — Lorsque le conducteur n'a pas
été privé absolument de la jouissance de la chose, mais
que, par un accident imprévu, sa jouissance a souffert
une altération et une diminution considérable, il a
droit à une remise de loyer proportionnée à la durée et
à l'intensité de cette diminution de jouissance.

Comment le paiement des loyers est-il assuré au locateur ?

Indépendamment de l'obligation personnelle que
le conducteur contracte par le paiement de son loyer,
le bailleur a contre lui une action réelle, qui consiste
dans le droit de gage sur les fruits des terres louées, et
sur les meubles servant à l'exploitation des maisons
louées, dans le droit de préférence aux autres créanciers sur lesdits effets, et dans le droit de gagerie ou
d'exécution.

Le droit de gage s'étend à tous les fruits, de quelque
nature qu'ils soient, qui ont été recueillis sur l'héritage
loué, et de plus, aux meubles servant à l'exploitation
soit des métairies, soit des maisons. Les sous-fermes
ou sous-loyers qui sont dus à mon locataire ou fermier
principal, sont sujets à mon droit de gage, jusqu'à
concurrence du loyer de la portion de maison ou de
métairie qu'occupe le sous-locataire ou fermier.

Le locateur a privilège sur les fruits et sur les meubles de son locataire avant tous autres créanciers. La raison en est évidente : c'est que, par l'acte même qui constitue le contrat de louage, les fruits et les meubles sont affectés réellement au paiement du loyer, le vendeur ou le loueur des meubles ne passent eux-mêmes qu'après le bailleur de la maison ou de la métairie.

Le droit de gagerie est une simple saisie-arrêt , qui consiste à saisir et établir un gardien aux meubles du locataire pour sûreté du loyer arriéré. Mais le locateur ne peut ni les déplacer , ni procéder à la vente , qu'il n'ait préalablement obtenu un jugement définitif.

Le droit d'exécution est la saisie que fait le locateur par le ministère d'un huissier des meubles de son locataire , par laquelle il les met sous la main de la justice , en la garde d'une ou plusieurs personnes , pour les vendre ensuite à l'encan. Mais la saisie-exécution ne peut avoir lieu qu'en vertu d'un titre exécutoire , c'est-à-dire d'un titre notarié , ou d'un jugement sans appel.

§ X.

De l'obligation d'user de la chose selon sa nature ou le bail.

2°. Le conducteur est obligé de ne faire servir la chose que pour les usages auxquels elle est destinée, ou pour lesquels elle a été louée. Par exemple : si j'ai pris à loyer un cheval de selle , je ne puis en faire ni un cheval de voiture , ni un cheval de somme.

§ X I.

Du soin convenable que le locateur doit à la chose.

3º. Le conducteur doit jouir et user de la chose louée en bon père de famille. Il doit avoir le même soin pour la conserver qu'un bon et soigneux propriétaire aurait pour la sienne propre. Le fermier d'une vigne doit la bien façonner, la bien fumer, la bien échelasser, la provigner , et généralement la cultiver comme un bon et soigneux vigneron cultiverait sa propre vigne. Le fermier d'une métairie doit pareillement bién façonner les terres en la saison convenable ; il ne lui est pas permis de les charger, ni de les dessoller , ni de les dessaisonner ; il doit avoir des bestiaux en quantité suffisante pour l'exploiter ; il lui est expressément défendu de divertir aucuns fumiers de la métairie , les fumiers étant destinés à l'engrais des terres.

§ X I I.

De l'obligation de rendre la chose en bon état.

4°. La dernière obligation que contracte le locataire par la nature même du contrat de louage est de la rendre en bon état à l'expiration du bail, sous peine de dommages et intérêts à dire d'experts, à moins cependant que la chose n'ait péri ou ne soit détériorée sans sa faute , et sans celle de ceux des faits desquels il est responsable.

§ X I I I.

De ceux qui naissent de la bonne foi.

La bonne foi oblige le locataire d'une maison ou d'une métairie à la faire voir à ceux qui viennent la visiter soit pour l'acheter , si elle est en vente , soit pour la louer , lorsque vers la fin du bail le bailleur a mis écriteau.

§ X I V.

De ceux qui naissent de la coutume.

La coutume l'astreint à garnir la maison de meubles suffisans pour répondre d'un certain nombre de termes de loyer à écheoir; faute de quoi, le locateur peut l'assigner à vider les lieux. S'il s'agit d'une métairie, ce sont les fruits qui répondent des fermages; mais le fermier est encore obligé de garnir la métairie des meubles aratoires et des bestiaux nécessaires pour la faire valoir.

§ X V.

De ceux qui naissent des clauses particulières de l'acte.

Quant aux engagemens du conducteur qui naissent des clauses particulières du bail, ils sont variables à l'infini, mais il est obligé de les remplir tous. Ils font, en quelque sorte, partie du loyer qui est exigible dans toutes ses formes et dans toutes ses portions.

§ XVI.

Des différentes manières dont le contrat de louage se résout.

Tout bail peut être résolu ou de plein droit, ou sur la demande de l'une des parties.

Il se résout de plein droit, 1°. par l'expiration du tems; 2°. par l'extinction de la chose louée, arrivée par cas fortuit; 3°. par la succession du locataire à son bailleur, soit en la propriété, soit en l'usufruit de l'héritage qu'il tient de lui à ferme ou à loyer; 4°. par la résolution du droit même du locateur survenue sans son fait.

La résolution du bail peut être demandée par le locataire, lorsque la maison devient inhabitable, faute de réparations, et que le locateur a été mis en demeure de les faire faire.

Elle peut l'être par le bailleur en quatre cas principaux : 1°. lorsque le locataire n'a pas garni la maison de meubles suffisans pour répondre au moins de deux termes; 2°. lorsque l'édifice loué menace ruine, et qu'il est instant de le faire rebâtir; 3°. lorsque le locataire ne jouit pas de la chose comme il doit en jouir, lorsqu'il la dégrade ou la détériore, ou qu'il en fait un cabaret, une forge, un lieu de prostitution;

4°. lorsque le propriétaire veut habiter par lui même : c'est ce qu'on appelle le privilège de la loi *æde.*

HUITIÈME LEÇON.

De quelques actes ressemblans au contrat de louage, du bail emphythéothique, et du bail à rente.

APRÈS cet exposé général des principes du contrat de louage, nous devons indiquer sommairement quelques actes particuliers qui n'en diffèrent que par l'espèce de la chose louée ou du prix payé. Nous traiterons en suite plus en détail de l'affrètement et du bail à rente.

PARAGRAPHE PREMIER.

Du louage d'ouvrages.

Parmi les conventions ressemblant au contrat de louage, on doit compter principalement celle par laquelle une des parties contractantes donne un certain ouvrage à faire à l'autre qui s'oblige de le faire pour le prix convenu.

Distinguons d'abord par qui la matière est fournie :

si elle l'est par l'ouvrier , c'est un véritable contrat de vente. Pour qu'il y ait louage , il faut qu'elle appartienne à celui qui commande l'ouvrage ; et que l'ouvrier ne fournisse que son tems , sa peine et son industrie , choses qui ne sont pas susceptibles de vente. Il n'y aurait pas encore de vente quand l'ouvrier ferait les avances de quelques accessoires , comme de boutons et autres garnitures pour un habit. C'est la matière principale qui décide de la nature de ce contrat.

Au surplus, comme le louage des choses, celui d'ouvrages est un contrat consensuel , synallagmatique , commutatif, et n'est assujetti par le droit civil à aucune forme particulière.

Trois choses sont également de son essence : l'ouvrage à faire , le prix et le consentement des parties.

Les obligations de l'un et de l'autre contractant naissent aussi de la nature particulière du contrat , de la bonne foi , et des clauses particulières de l'acte. Tous nouveaux détails ne seraient qu'une répétition inutile.

La seule différence qu'il y ait entre le louage des choses et celui d'ouvrages consiste en ce que , dans le premier, c'est l'usage de la chose qui est louée , *res utenda datur*, tandis que c'est la façon de l'ouvrage qui fait la matière du second, *res facienda datur*.

§ I I.

*Du louage dont le prix consiste dans l'usage d'une
chose.*

Dans la foule des contrats *innommés*, que l'on comprend sous les désignations générales *do ut des*, *do ut
facias*, *facio ut des*, *facio ut facias*; il en est deux qui
ont beaucoup d'affinité avec le louage.

Le premier, qui est de la classe *do ut des*, a lieu
lorsqu'une des parties contractantes s'oblige de donner
à l'autre l'usage d'une certaine chose, pour l'usage
d'une autre chose que l'autre partie s'oblige réciproquement de lui accorder.

C'est véritablement un double contrat de louage.
Chacun est tout à la fois conducteur et locateur, et
sujet dès lors à toutes les obligations réciproques que
produit ce double lien.

Le seul caractère distinctif de ce contrat est que le
prix de l'usage reçu consiste dans un usage donné.
D'ailleurs, les conventions font loi.

§ I I I.

*Du louage dont le prix consiste dans la dation d'une
chose.*

Le second, qui est aussi de la classe *do ut des*,
a lieu lorsque l'un des contractans s'oblige de donner
en propriété une chose à l'autre contractant, pour

Troisième cahier.   F

lui tenir lieu de loyer d'une autre chose dont celui-ci s'oblige de lui donner l'usage pour un certain tems.

C'est un contrat mi-parti de vente et de louage. Il tient de la vente, en ce que le prix de la chose donnée à usage est l'aliénation d'une chose. Il tient du louage, en ce que le prix de la chose aliénée consiste non dans une somme d'argent, mais dans l'usage d'une chose pour un certain tems.

L'un est vendeur et locataire, l'autre est acquéreur et locateur. Les obligations de tous deux sont en raison des diverses qualités qu'ils réunissent. Ce sont donc les principes de la vente ou du louage qu'il faut appliquer selon les différens rapports sous lesquels on considère les contractans.

§ I V.

Du bail emphythéotique.

L'emphythéose est le bail à longues années d'un héritage, à la charge de le cultiver et de l'améliorer, moyennant une modique redevance payable par le preneur.

L'emphythéose se fait ordinairement pour vingt, trente, quarante, cinquante, soixante ou quatre-vingt-dix-neuf années au plus.

Ce contrat ressemble au bail à loyer ou à ferme, en ce que tous deux sont faits à la charge d'une pension annuelle ; mais il en diffère en ce que l'emphythéote a la plupart des droits et des charges du propriétaire.

Le preneur, étant propriétaire, peut vendre, aliéner, échanger ou hypothéquer l'héritage; mais il ne peut pas céder pour un tems plus long que celui de sa jouissance.

L'emphythéote ne peut pas, comme un simple locataire ou fermier, obtenir une remise ou diminution de sa pension annuelle pour cause de stérilité, parce qu'il a la propriété utile.

Il ne lui est pas permis de dégrader le fonds, ni même d'en changer la surface, de manière que la valeur en soit diminuée, parce qu'il n'a pas la propriété parfaite.

Il ne peut pas détruire les bâtimens qu'il a trouvés faits, ni même ceux qu'il a construits lorsqu'il y était obligé par le bail. Mais, s'il en a fait volontairement quelques-uns, il peut, dans le courant de son bail, les enlever, pourvu que ce soit sans dégrader l'héritage.

La jouissance d'un bail emphythéotique peut être saisie et vendue, comme les immeubles, à la requête des créanciers.

Le preneur ne peut pas prescrire le fonds, attendu qu'on ne peut changer soi-même son titre de possession; mais il peut prescrire les arrérages échus de sa redevance.

Toutes les réparations, tant grosses que menues, sont à la charge de l'emphythéote pendant tout le cours du bail ; il est pareillement obligé d'acquitter toutes les charges réelles et foncières.

A l'expiration du bail, le preneur, ses héritiers ou ayans cause doivent rendre les lieux en bon état, à l'exception des bâtimens qu'il a volontairement construits, à la réparation desquels il n'est pas obligé. Mais il ne peut pas non plus les démolir à la fin de son bail, en emporter aucuns matériaux, ni en répéter les impenses. Le fonds emporte la superficie.

V.

Du contrat de bail à rente.

Le bail à rente est un contrat par lequel l'une des parties baille et cède à l'autre un héritage ou quelque droit immobilier, et s'oblige de le lui faire avoir à titre de propriétaire, sous la réserve d'une rente annuelle d'une certaine somme d'argent, ou d'une certaine quantité de fruits, que l'autre partie s'oblige réciproquement de lui payer tant qu'elle possédera ledit héritage.

§ V I.

En quoi le bail à rente diffère de la vente et du louage.

La différence la plus essentielle à remarquer entre le bail à rente et les contrats de vente et de louage consiste en ce que ceux-ci sont des contrats consensuels, qui reçoivent leur perfection par le seul consentement des parties, avant qu'ils aient été exécutés de part ni d'autre, aussitôt que les parties sont convenues soit du prix, soit du loyer ; tandis que le bail à rente est un contrat réel, qui n'est parfait qu'au moment où le preneur est mis en possession de l'héritage par une tradition réelle ou fictive. En effet, ce n'est que par la tradition que le bailleur peut se retenir une rente sur l'héritage, et que l'héritage peut en être chargé envers lui : tant que la tradition n'a pas lieu, le bailleur reste propriétaire, et sa propre chose ne peut pas lui devoir de rente. D'un autre côté, le preneur ne peut contracter l'obligation de payer la rente qu'au moment même où il entre en possession de l'héritage, 1°. parce que la rente n'existe pas plutôt ; 2°. parce que le preneur ne doit la rente que pour le tems qu'il possédera, et qu'avant la tradition il est en son pouvoir de ne point contracter l'obligation de payer, en refusant de prendre possession de l'héritage.

§ V I I.

Des choses qui sont de l'essence du bail à rente.

Trois choses sont de l'essence de ce contrat : une chose qui soit baillée, la rente et le consentement des parties.

On ne peut bailler à rente que les choses immobiliaires, mais peu importe que ce soit des biens fonciers ou des droits incorporels. Ainsi peuvent être baillés les héritages, fonds de terre et maisons, les droits de pêche, de chasse et de péage, etc.

Comme dans tous les contrats, le consentement des parties doit intervenir sur la chose baillée, sur la rente et sur le contrat même.

§ V I I I.

Du caractère distinctif de la rente foncière.

La rente foncière est une pension annuelle que le bailleur se retient sur l'héritage ; perpétuelle, si le bail est fait à perpétuité ; temporaire, s'il n'est fait que pour un certain tems ; mais toujours foncière, car elle est une charge de l'héritage qui demeure affecté à son paiement.

Cette rente doit être quelque chose de certain et de déterminé, mais elle peut être stipulée payable soit en argent, soit en fruits ou autres denrées. En quoi elle diffère du prix du contrat de vente.

Elle diffère encore :

1°. Des fermages ou loyers, en ce que le locataire ou fermier n'a aucun droit dans l'héritage loué, et que la propriété demeure entière au locateur ; tandis que, par le bail à rente, la propriété de l'héritage baillé est transférée au preneur, sous la seule charge du paiement de la rente.

2°. Des servitudes, soit réelles, soit personnelles ; en ce que celui qui, par exemple, a un droit de passage ou de pâturage sur une terre, jouit par lui-même de son droit, sans que le possesseur de l'héritage soit obligé à rien qu'à le souffrir ; au lieu que celui qui a un droit de rente foncière sur un héritage ne peut en jouir que par le fait et par les mains du possesseur, qui est obligé à la prestation des arrérages de la rente.

3ª. Des hypothèques, en ce que l'hypothèque n'est qu'une obligation accessoire de l'héritage, pour assurer d'autant mieux l'obligation personnelle du débiteur ; tandis que la charge d'une rente foncière est une obligation principale de l'héritage. C'est l'héritage qui est le débiteur principal, plutôt que la personne du débiteur qui n'est tenu de la rente que comme détenteur de l'héritage.

4°. Des rentes constituées à prix d'argent : en effet, l'une, comme nous venons de le dire, est principalement due par l'héritage; les autres, au contraire, quand elles seraient spécialement assignées sur quelque héritage, sont, et pour le capital et pour les arrérages, une dette personnelle de ceux qui les ont constituées, et de leurs héritiers, qui ne peuvent s'en décharger en abandonnant et cessant de posséder l'héritage sur lequel elles sont assignées. Néanmoins, ces deux espèces de rentes ont entre elles cette ressemblance, que toutes deux produisent des arrérages annuels, qui se divisent en autant de parties qu'il y a de jours dans l'année, c'est-à-dire en trois cents soixante-cinq parties : ce qui fait dire que les rentes se comptent de jour à jour, que les arrérages naissent et sont dûs chaque jour.

§ I X.

Des engagemens du bailleur.

Les engagemens du bailleur consistent à faire avoir au preneur la chose baillée librement et à titre de propriétaire. Ils sont absolument les mêmes que ceux du vendeur envers l'acheteur ; ils produisent la même garantie des évictions et des charges réelles non déclarées par le contrat ; les mêmes actions, les mêmes exceptions. Toute explication nouvelle à ce sujet serait rédondante.

§ X.

Des engagemens du preneur.

Les engagemens du preneur naissent, comme ceux de l'acheteur, de la nature du contrat, de la bonne foi, et des clauses particulières de l'acte.

Ceux qui naissent de la bonne foi sont absolument les mêmes que ceux de l'acheteur.

Par la nature du contrat, le preneur est obligé à payer la rente, comme l'acquéreur à payer le prix, et à entretenir la chose en bon état, comme l'usufruitier : à deux exceptions près, 1°. que le preneur est tenu des grosses réparations, ainsi que des viagères ; 2°. qu'il peut changer la forme de l'héritage baillé à rente, pourvu qu'il la conserve en une forme aussi utile, qui donne au bailleur les mêmes sûretés pour la rente.

§ X I.

Des clauses particulières du bail à rente.

Le bail à rente est susceptible de plusieurs des clauses qui se trouvent dans un contrat de vente, telles que celles qui concernent la contenance et la qualité de l'héritage ; et, sous ce rapport, il en dérive les mêmes obligations et les mêmes actions. Mais il est certaines clauses qui sont propres et particulières au bail à rente ; j'en remarquerai trois principales :

De la clause de faire valoir.

La première est de fournir et faire valoir la rente. Par cette clause, le preneur s'oblige envers le bailleur à lui payer à perpétuité la rente créée par le bail, dans le cas où il n'en pourrait être payé sur l'héritage baillé, quand même l'héritage aurait cessé d'exister par un accident de force majeure. Elle produit une obligation personnelle subsidiaire de l'obligation réelle de l'héritage. De là, il suit, 1°. que le preneur n'est pas reçu à déguerpir ; 2°. que même, après avoir aliéné l'héritage, il demeure subsidiairement tenu de la rente, dans le cas auquel le créancier ne pourrait s'en faire payer sur l'héritage.

De la clause d'améliorer.

La seconde est de faire certaines améliorations à l'héritage, comme de construire des bâtimens jusqu'à concurrence d'une certaine somme , de planter une certaine quantité de terres en vignes , de manière que l'héritage vaille toujours la rente et plus. L'accomplissement de cette clause est de droit strict et rigoureux.

De la clause de payer les arrérages réels.

La troisième est de payer toujours les arrérages sans aucune diminution , toutes impositions restant à la charge du preneur. A cet égard , le contrat fait loi, et doit être exécuté dans sa forme et teneur.

§ X I I.

Des manières dont s'éteint la rente foncière.

Les rentes foncières s'éteignent par la rescision du bail , par la destruction de l'héritage , par l'acceptilation , par la novation , par la confusion , mais surtout par le rachat, par le déguerpissement et par la prescription.

Du rachat.

Le rachat est le droit accordé au preneur de se libérer de la rente, et d'acquérir la propriété parfaite de l'héritage , en remboursant au bailleur le capital de la rente. Par nos nouvelles lois, toute rente quelconque est rachetable à jamais par tout débiteur, et , à quelque titre que ce soit. Si le rachat a été prévu par le contrat, il doit avoir lieu sur le taux convenu ; sinon, le denier légal devient la base du rachat.

Du déguerpissement.

Le déguerpissement est un acte par lequel le preneur, possesseur d'un héritage chargé d'une rente foncière, pour se décharger de cette rente, abandonne en justice l'héritage au bailleur.

Pour que le déguerpissement soit valable, et qu'il opère la résolution du bail pour l'avenir, et l'extinction de la rente, il faut que tout l'héritage chargé de la rente soit déguerpi non-seulement dans sa totalité, mais dans chacune de ses parties; qu'il soit rendu en aussi bon état qu'il a été baillé ; que le preneur fasse les réparations nécessaires, et qu'il paie tous les arrérages, même le terme courant; il faut enfin que le preneur n'ait pas renoncé à cette faculté par une clause particulière du bail.

La coutume de Paris (art. CIX) ne laisse aucun doute à cet égard. Voici comme elle explique la faculté et le mode de déguerpissement :

« Si aucun a pris un héritage à cens ou rente, à
« certain prix par chacun, il y peut renoncer en ju-
« gement, partie présente ou appelée, en payant
« tous les arrérages du passé et le terme en suivant.
« Jaçoit que, par lettre, il eût promis payer ladite
« rente, et obligé tous ses biens ; et s'entend telle
« promesse, tant qu'il est propriétaire : sinon que,
« par lettres d'accensement, il eût promis mettre,

« aucun amendement ; ce qu'il n'eût fait, ou qu'il eût
« promis fournir et faire valoir ladite rente , et à ce ,
« obligé tous ses biens, en laissant toutefois l'hé-
« ritage en aussi bon état et valeur qu'il était au
« tems de la prise. »

Il y a deux espèces de prescriptions qui éteignent
la rente foncière. La première est celle qui résulte
de la possession décennaire ou vicennaire du tiers
détenteur qui a possédé , comme franc de rentes
foncières l'héritage qui en était chargé. La seconde
résulte du non usage du créancier à qui elle est due.
Cette prescription peut être opposée tant par le preneur et ses héritiers que par tout tiers détenteur;
mais elle ne peut l'être qu'après trente ans révolus
d'un non usage. Cette prescription est inexécutable
et improbable.

NEUVIÈME LEÇON.

DU CONTRAT D'AFFRÈTEMENT.

PARAGRAPHE PREMIER.

De la nature de ce contrat.

Le contrat d'affrètement, que sur les côtes de la
Méditerranée on appelle nantissement, est celui par

seau au quintal, c'est le louer pour y charger et transporter tant de cents pesans d'une certaine marchandise. Le tonneau de mer est un solide de 28 pieds cubes.
Louer un vaisseau au tonneau, c'est louer à un marchand la place de tant de tonneaux dans un navire,
pour y placer et transporter ses marchandises.

Dans ce cas, il suffit de la part du maître de recevoir
dans son navire la quantité de marchandises qu'il s'est
obligé de recevoir, ou de donner la place pour le
nombre de tonneaux convenu. Il peut d'ailleurs disposer à son gré du surplus de son navire.

2°. Un fret, c'est-à-dire un loyer de navire convenu entre le maître et l'affréteur. Il peut être stipulé
soit à tant par mois, soit à telle somme pour tout le
voyage, ou pour *l'aller* seulement, ou pour l'aller et
le retour.

3°. Le consentement des parties tant sur le navire
et l'usage pour lequel il est loué que sur le fret.

L'affrètement est un véritable contrat de louage ;
nous ne traiterons en conséquence que de ce qui concerne la forme particulière de ce contrat, les obligations particulières du maître du navire, celles de l'affréteur, et celles communes à tous deux, mais toujours particulières à cette espèce de louage.

§ III.

Des formalités de la charte-partie.

L'acte qui renferme le contrat d'affrètement se

nomme *charte-partie*. Il doit être écrit, mais peu importe qu'il soit passé sous seing-privé ou devant notaire. (Ordonnance de la marine, titre des chartes-parties, article premier.)

La charte-partie doit contenir « le nom et le port du « vaisseau, le nom du maître et celui de l'affréteur; « le lieu et le tems de la charge et décharge; le prix du « fret ou naulis, avec les intérêts des retardemens et « séjours. » (Même titre, article III.) Il est, au surplus, loisible aux parties d'y ajouter toutes les autres conditions qu'elles jugent à propos.

§ I V.

Du connaissement.

On dresse ensuite un *connaissement*, ou une reconnaissance de la quantité, qualité et marque des marchandises chargées par l'affréteur et à transporter par le maître du navire, du nom du chargeur et de celui auquel elles sont adressées, des lieux du départ et de la décharge, du nom du maître, de celui du vaisseau, et enfin du prix du fret.

Ce connaissement doit être fait triple : l'un pour l'affréteur, l'autre pour le maître, le troisième pour celui à qui les marchandises sont envoyées.

§ V.

Des obligations particulières du maître du navire.

Le locateur du navire, de quelque manière qu'il

l'ait loué , contracte sept principaux chefs d'obligation :

1º. Il s'engage à n'apporter aucun empêchement
au chargement des marchandises de l'affréteur.

2º. Après que les marchandises ont été chargées
sur le navire, le maître doit les prendre en sa garde
et s'en charger envers l'affreteur. C'est là l'objet du
connaissement.

3º. Comme le maître s'est engagé à transporter
les marchandises au lieu de leur destination , il est
tenu pour cela de mettre à la voile dans le tems
convenu par le contrat, si le vent est favorable ;
s'il ne l'est pas, il peut attendre qu'il le devienne.

4º. Le maître est garant des vices de son vaisseau ,
lesquels , lorsqu'il a mis à la voile , le rendaient
incapable de transporter les marchandises au lieu de
leur destination ; et si quelqu'un de ces vices en a
empêché, ou même seulement retardé un peu notablement le transport , il est tenu des dommages et
intérêts de l'affréteur.

5º. Le maître est obligé d'apporter , tant avant
le départ que durant le voyage, le soin convenable
pour la conservation des marchandises chargées sur
son navire. Ce n'est pas que , durant le voyage , il
ne puisse vendre une partie de ces mêmes marchandises pour payer le redoublement du vaisseau
et acheter des vivres ; mais il ne peut user de cette ressource qu'à défaut de tous autres moyens , et faute de
pouvoir emprunter sur son crédit, ou même sur son

vaisseau. Il ne le peut encore qu'après avoir pris l'avis
des contre-maîtres et pilotes, qui attesteront la nécessité de l'emprunt ou de la vente, et la qualité de l'emploi ; enfin, il doit en payer le prix à l'affréteur sur
le pied que le reste sera vendu au lieu où le navire doit
décharger.

6°. Le maître, lorsqu'il est arrivé au lieu de la destination des marchandises, doit les décharger et les remettre au correspondant de l'affréteur à qui elles sont
adressées. Il est responsable de toutes celles qui pourraient manquer, à moins qu'il ne justifie de quelque
accident de force majeure.

7°. Lorsque le maître, dans le cas d'une tempête ou
de quelque accident de force majeure, a été contraint,
pour le salut commun, de faire jeter à la mer les marchandises de l'affréteur, en tout ou en partie, il est
obligé, *actione ex conducto*, envers l'affréteur de l'en
faire récompenser par une contribution, à laquelle
doivent être appelés tous ceux qui en sont tenus.

Outre l'action *ex conducto* ouverte à l'affréteur
contre le maître ou locateur de navire pour le faire
condamner à remplir ses obligations, ou, faute par
lui de les remplir, aux dommages et intérêts résultans
de leur inexécution, la loi lui donne aux mêmes fins
l'action *exercitoria* contre ceux qui ont préposé le
maître ou locateur, tant contre les propriétaires que
contre les principaux locataires qui ont sous-baillé le
navire.

Troisième cahier.   G

§ VI.

Des obligations particulières de l'affréteur.

L'affréteur est obligé, par la nature particulière de ce contrat, 1°. à charger ses marchandises dans le tems convenu par la charte-partie; 2°. après le chargement des marchandises, à présenter le connaissement à la signature du maître, et à lui remettre les acquits de ses marchandises : le tout à peine des dommages et intérêts que le maître a soufferts de son retardement; 3°. à rembourser au maître toutes les dépenses extraordinaires qu'il a été obligé d'avancer tant pour sauver les marchandises en cas de naufrage que pour le paiement des droits et impositions dues à l'entrée et à la sortie des ports; 4°. à payer le fret qui comprend, outre le prix principal, les sommes promises pour *vin du marché, chapeau, ou chausses du maître :* ce qui d'ordinaire équivaut au fret d'un tonneau.

Quand le fret est-il dû en totalité?

Le fret est dû en totalité lorsque les marchandises de l'affréteur sont parvenues au lieu de leur destination, quelque endommagées qu'elles se trouvent par quelque accident de force majeure, et quand même elles ne vaudraient pas leur fret. Il est même dû en totalité, quoique les marchandises n'aient pu parvenir à leur destination, 1°. lorsqu'elles ont été jetées à la mer pour le salut commun, parce que l'affréteur est indemnisé de leur perte par la contribution ; 2°. lorsque le maître a été contraint de les vendre pour *victuailles*, *radoub* et autres nécessités pressantes, l'affréteur étant remboursé par le maître de leur valeur, sur le pied que les autres sont vendues au lieu de leur décharge ; 3°. lorsque c'est par le fait ou la faute de l'affréteur que ses marchandises ne sont pas parvenues au lieu de leur destination.

Quand n'est-il dû aucun fret ?

Il n'est dû aucun fret, soit que les marchandises ne soient pas arrivées au lieu de leur destination par le fait ou la faute du maître, soit qu'elles aient été perdues par naufrage ou échouement, pillées par les pirates, ou prises par les ennemis. Même, dans ce dernier cas, l'ordonnance oblige le maître à restituer ce qui lui aurait été avancé, s'il n'y a convention contraire.

Quand le fret n'est-il dû qu'en partie ?

Le fret, enfin, n'est dû que pour partie lorsqu'une partie des marchandises a été perdue, prise ou pillée. Il n'est dû qu'en raison des marchandises sauvées, et à proportion de ce que le voyage était avancé lors de l'accident, si le maître, n'ayant pas trouvé de vaisseau pour les conduire au lieu de leur destination, les a laissées au lieu où elles ont été sauvées.

§ V I I.

Des obligations communes au maître du navire et à l'affréteur, ou de la contribution aux avaries.

Indépendamment de ces obligations particulières au maître et à l'affréteur , il en est une qui leur est commune , et même s'étend aux simples passagers, quelquefois aux matelots : je veux parler de la contribution aux avaries communes.

Des avaries.

« Toute dépense extraordinaire qui se fait pour
« les navires et marchandises , conjointement ou
« séparément , et tout dommage qui leur arrive de-
« puis leur charge , départ et dépôt, jusqu'à leur
« retour et décharge , sont réputés avaries. » (1)

Des avaries simples.

« Les dépenses extraordinaires pour le bâtiment
« seul , ou pour les marchandises seulement, et le
« dommage qui leur arrive en particulier, sont avaries
« simples et particulières. » (2)

Ce n'est point de celles-là que nous avons à nous oc-cuper.

---

(1) Ordonnance de marine, titre .... , article premier.
(2) *Ibid* , article II.

Des avaries communes.

« Les dépenses extraordinaires faites, et le dommage
« souffert pour le bien et salut commun des marchan-
« dises et du vaisseau , sont avaries grosses et
« communes. (1)

Il n'y a que ces dernières qui donnent lieu à la contribution.

L'ordonnance désigne nommément les principaux
cas d'avaries communes. Il y en a huit :

1°. Celui des marchandises jetées à la mer pour
l'allègement et la conservation du vaisseau.

2°. Le dommage fait aux marchandises restées dans
le navire , en faisant le jet.

3°. Les choses données par composition aux pirates
pour le rachat du navire et des marchandises.

4°. Les cables ou mâts rompus ou coupés , les an-
cres et autres effets abandonnés pour le salut commun.

5°. Les pansemens et nourritures du matelot blessé
en défendant le navire.

6°. Les frais de décharge pour entrer dans un havre ,
ou dans une rivière , ou pour mettre à flot un vaisseau.

7°. La perte des marchandises mises dans des bar-
ques pour alléger le vaisseau entrant en quelque port
ou rivière.

8°. Les lamanages , louages , pilotages pour entrer
dans les havres ou rivières , ou pour en sortir.

---

(1) Ordonnance de marine , titre ... , article II.

De ceux qui sont appelés à la contribution aux avaries.

A la contribution aux avaries sont appelés , 1°. les propriétaires du navire ; 2°. les propriétaires des marchandises restées dans le navire , eu égard à l'état dans lequel elles se trouvent lors de la contribution , et déduction faite du fret qui est dû pour lesdites marchandises ; 3°. les propriétaires des marchandises jetées à la mer pour le salut commun : ils font confusion , sur la somme qui doit leur être remboursée , de la part qu'ils doivent porter dans la perte , eu égard à la valeur des marchandises qui leur est remboursée , déduction du fret qu'ils doivent ; 4°. les passagers pour leurs hardes et leurs bijoux , quoique ces choses ne chargent pas le navire ; 5°. quelquefois les matelots eux-mêmes , dans le cas du rachat par composition du navire et des marchandises.

Comment se répartit la contribution.

Pour parvenir à la contribution, on dresse deux masses : l'une de l'estimation de toutes les pertes ; l'autre de la valeur des choses contribuables ; et la première se distribue sur la seconde , au marc la livre.

Ce contrat est susceptible de beaucoup d'autres développemens. Mais de simples élémens ne doivent qu'indiquer ce que le maître doit expliquer, et ce dont on peut trouver les détails dans les traités *ex professo.*

DIXIÈME LEÇON.

DU CONTRAT DE MANDAT.

PARAGRAPHE PREMIER.

Qu'est-ce que le mandat ?

Le contrat de mandat est celui par lequel l'un des contractans confie la gestion d'une ou de plusieurs affaires, pour la faire en sa place et en ses risques, à l'autre contractant qui s'en charge gratuitement, et s'oblige de lui en rendre compte.

Celui qui confie à l'autre la gestion de l'affaire s'appelle *le mandant* ou *commettant ;* celui qui s'en charge , *mandataire* ou *procureur.*

Ce contrat est du droit des gens , il n'est assujetti par le droit civil à aucunes formes, à aucunes règles qui lui soient particulières. Il est de la classe des contrats de bienfaisance , car il se fait pour le seul intérêt du mandant ; le mandataire ne fait qu'un office d'ami , et rend un service gratuit au mandant. C'est encore un contrat consensuel : il se forme et reçoit sa perfection par le seul consentement des parties. Enfin il est synallagmatique , puisqu'il produit des obligations réciproques.

§ I I.

Des choses qui sont de l'essence du mandat.

Trois choses sont de l'essence du mandat : 1°. une affaire qui soit la matière du mandat ; 2°. volonté réciproque du mandant et du mandataire de s'obliger l'un envers l'autre ; 3°. gratuité du mandat.

1°. *Une affaire qui soit la matière du mandat.*

Plusieurs conditions sont requises pour qu'une affaire puisse être la matière du mandat :

1°. Il faut que ce soit une chose à faire et non déjà faite. Par exemple : si je vous requiers de prêter à mes risques une somme d'argent à un de mes amis, et qu'à ma réquisition vous lui fassiez ce prêt, cette réquisition est un véritable mandat, dont le prêt est la matière. Mais si, lorsque je vous fais cette réquisition, vous aviez déjà vous-même prêté cet argent à cet ami, il n'y a plus de mandat ; je ne suis pas obligé envers vous, puisque le prêt était déjà fait.

2°. Il faut que ce soit une affaire qui ne soit contraire ni aux lois, ni aux bonnes mœurs. Si donc vous vous étiez chargé à ma réquisition de m'acheter des marchandises de contrebandes, ce mandat serait nul, comme contraire aux lois. Il est inutile de multiplier les exemples de pareilles commissions qui ne sont point de vrais mandats , et ne produisent aucune obligation.

3°. Il faut que l'affaire ne soit pas quelque chose d'incertain. Si je vous chargeais de m'acheter quelque chose à une foire , sans vous rien spécifier, le mandat serait nul, parce que l'objet de cette commission est tellement incertain qu'il est impossible de deviner ce que j'ai voulu qui fût acheté par vous.

4°. L'affaire doit être de nature que le mandant puisse être censé la faire lui-même par le ministère de son mandataire. D'après ce principe, si vous m'avez mandé d'emprunter de votre caissier une certaine somme d'argent à vous appartenante, laquelle, en conséquence , m'a été comptée, c'est un simple prêt que vous me faites ; ce n'est point un mandat, dont vous me chargez , car cet emprunt est une affaire que vous ne pouvez pas être censé faire par vous-même , personne ne pouvant emprunter ses propres deniers.

5°. Il faut que ce soit une affaire qui puisse être faite par le mandataire. Par exemple : si je charge un homme de loi , qu'un catarre sur la langue a privé entièrement de l'usage de la parole, de faire pour moi mon cours de droit français , quoiqu'il m'ait répondu par signes qu'il le ferait , un tel mandat est nul, parce que l'affaire est telle que, par sa nature , il est impossible que le mandataire la fasse.

6°. L'affaire ne doit pas concerner le seul intérêt

du mandataire. En effet, il est impossible que vous soyez obligé de rendre compte d'une affaire qui ne concerne que vous seul, et à laquelle personne n'a intérêt que vous.

7°. Il n'est pas nécessaire que ce soit précisément une affaire qui concerne l'intérêt du mandant, même pour partie. Je puis, en l'absence de mon ami, vous charger de faire ses vendanges, attendu que, par cette réquisition, je m'oblige moi-même envers mon ami, et que j'ai intérêt que vous me rendiez compte, pour que je puisse le rendre moi-même.

2°. *La volonté du mandant et du mandataire de s'obliger l'un envers l'autre.*

Il est de l'essence du mandat que le mandant ait la volonté de charger à ses propres risques le mandataire de l'affaire qui fait l'objet du mandat , et de s'obliger à l'indemniser ; et que, de son côté, le mandataire ait la volonté de s'obliger à faire cette affaire.

C'est ce qui différencie le mandat de la recommandation et du conseil ; car, dans ces deux derniers cas, nous ne contractons, de part ni d'autre, aucune obligation.

3°. *Gratuité de mandat.*

Point de mandat , s'il n'est gratuit : le mandataire ne doit faire qu'un office d'amitié. Si le mandant s'oblige à lui payer une certaine somme d'argent , ou quelque autre chose qui soit le prix de la gestion de cette affaire, ce n'est plus un mandat.

§ I I I.

Des obligations du mandataire.

Le mandataire contracte l'obligation de faire ce dont il s'est chargé, d'y apporter tout le soin que l'affaire exige, et d'en rendre compte.

1°. *Faire ce dont il s'est chargé.*

Premier chef d'obligation. — Le mandataire est libre d'accepter ou non le mandat. Son acceptation est une grace, un pur bienfait envers le mandant. Mais dès qu'il l'a manifestée, il contracte envers le mandant l'obligation de faire ce dont il s'est chargé; et, faute de remplir son engagement, il est tenu des dommages et intérêts résultans de l'inexécution du mandat.

Il est cependant plusieurs causes qui déchargent le mandataire de son obligation, pourvu qu'il en donne avis au mandant.

1°. Il est évident que le mandataire n'entend se charger du mandat qu'autant que sa santé lui permettra de l'exécuter. Ainsi, lorsqu'une maladie, qu'on n'avait pas prévu devoir survenir, l'en empêche, c'est un cas fortuit dont il n'est pas garant.

2°. S'il survient des inimitiés capitales entre le mandataire et le mandant, celui-là est libéré de son obligation , étant contre la nature des choses qu'un ennemi exige de son ennemi une offre d'amitié.

3°. Le dérangement des affaires du mandant , survenu depuis le contrat , décharge pareillement le mandataire du mandat pour lequel il y aurait des avances d'argent à faire.

4°. Les lois qui ont spécifié les trois causes ci-dessus , *valétudinis adersæ , vel capitalium inimicitiarum , sen ob inanes rei actiones* , ont ajouté *seu ob aliam justam causam* , ou pour toute autre cause juste. Par exemple : si , étant à Paris, je m'étais chargé d'une affaire que vous y aviez, et que j'aie été obligé d'en partir pour une affaire indispensable qui m'est survenue , ce départ est une juste cause d'empêchement qui doit me décharger de mon obligation.

2°. Apporter tout le soin que l'affaire exige.

Deuxième chef d'obligation. — Dans les contrats de bienfaisance , celui pour l'intérêt de qui le contrat intervient ne peut exiger de l'autre contractant que de la bonne foi ; mais le contrat de mandat offre une exception à ce principe : le mandataire est tenu non-seulement de la bonne foi, mais de tout le soin et de toute l'habileté que demande l'exécution du mandat dont il s'est chargé , et dès lors il devient responsable envers le mandant de tout le tort qu'il lui a causé dans la gestion de l'affaire non-seulement par son dol, mais par sa faute, de quelque espèce qu'elle soit.

Le mandataire répond de ses fautes non-seulement *in committendo*, mais encore *in omittendo*. Par exemple : si celui que j'avais chargé de la gestion de toutes mes affaires, et à qui j'avais pour cet effet remis mes titres, m'a fait perdre mes créances en manquant de faire passer des reconnaissances à mes débiteurs, en négligeant le protêt ou la dénonciation du protêt d'un effet non payé à l'échéance, il n'est pas douteux qu'il en est responsable.

A l'égard des cas fortuits et des accidens de force majeure, le mandataire n'en est jamais tenu.

3°. *En rendre compte.*

Troisième chef d'obligation. — Le mandataire est comptable de sa gestion. Il doit donc porter en recette les choses qui lui sont parvenues; celles qu'il n'a pas reçues par sa faute; celles qui, par sa faute, ont péri, ou sont détériorées, au point qu'elles ne sont plus recevables; les fruits des choses qui lui sont parvenues; le prix des fruits de celles qu'il n'a pas reçues par sa faute; enfin, les dommages et intérêts du mandant, résultans de ce que, par sa faute, certaines choses ne lui sont pas parvenues, ou ont péri, ou se sont détériorées.

ONZIÈME LEÇON.

SUITE DU MANDAT.

§ IV.

Des obligations du mandant.

Le mandant contracte envers le mandataire deux espèces d'obligations :

1°. De le rembourser de tout ce qu'il a déboursé
pour l'exécution du mandat.

Pour qu'il y ait lieu à cette obligation , il faut ,
1°. qu'il y ait eu des déboursés ; 2°. qu'ils aient eu lieu
à cause du mandat ; 3°. que ce ne soit pas la faute du
mandataire qui les ait occasionnés. Ces propositions
n'ont besoin d'aucun développement.

2°. De lui procurer la décharge des obligations qu'il
a contractées envers des tiers pour l'exécution de ce
même mandat.

Le mandant peut remplir cet engagement de deux
manières : 1°. En rapportant au mandataire un acte
par lequel le créancier, envers qui celui-ci s'est obligé,
déclare qu'il le décharge , et qu'il accepte le mandant
pour seul débiteur en sa place ; 2°. en payant la dette.
Mais il n'y a pas de milieu : ce n'est pas pour lui que le
mandataire a contracté , il faut qu'il sorte absolument

indemne d'une affaire qui n'est de sa part qu'office d'amitié.

§ V.

Limites des obligations du mandant.

Au surplus, le mandant ne peut jamais être obligé qu'autant que le mandataire n'a pas excédé les bornes de son mandat. Quelques espèces vont donner à cette proposition les éclaircissemens nécessaires :

Première espèce. — Lorsque le mandataire a fait précisément la même affaire contenue au mandat, sans que le mandant lui eût prescrit aucune condition dont il se soit écarté, le mandat est strictement rempli.

Seconde espèce. — Lorsque le mandataire a fait précisément la même affaire dont il a été chargé par le mandat, et à des conditions plus avantageuses que celles prescrites par le mandant, *à fortiori* le mandataire n'a pas excédé ses pouvoirs.

Troisième espèce. — Lorsque le mandataire a fait l'affaire dont il s'était chargé, mais à des conditions plus dures que celles qui lui avaient été prescrites, il a outre-passé les limites de son mandat, et son commettant a le choix de l'approuver ou de le désavouer.

Quatrième espèce. — Lorsque le mandataire a fait une partie de ce qui est porté au mandat, le mandant est obligé jusqu'à concurrence de ce qui est fait.

Cinquième espèce. — Lorsque le mandataire a fait ce dont il s'était chargé, et quelque chose de plus, le mandant est obligé jusqu'à concurrence de ce qui est porté au mandat; le mandataire n'est sorti de son mandat que pour ce qu'il a fait de plus.

Sixième espèce. — Lorsque le mandataire a fait une autre affaire que celle portée par le mandat, il n'y a plus de mandat, et dès lors plus d'obligation.

Septième espèce. — Lorsque le mandataire a fait l'affaire dont il s'était chargé, non par lui-même, mais par une autre personne qu'il n'avait pas pouvoir de substituer, le mandant n'est obligé que s'il juge à propos de ratifier l'affaire.

Huitième espèce. — Lorsque le mandataire a fait seul ce qu'il était chargé de faire conjointement avec un autre, il n'y a point d'obligation de la part du mandant.

Ces principes sont rigoureux, mais ils sont subordonnés à cette observation générale : de quelque manière que le mandataire ait excédé son mandat, si ce qu'il a fait outre et même contre la teneur de sa procuration, l'a été au su et au vu du mandant, ce qu'il a fait doit être jugé valable, et oblige le mandant tant envers le mandataire qu'envers les tiers avec lesquels il a contracté au nom du mandant qui l'a soufferte. On présume, dans ce cas, une extension ou réformation tacite du mandat.

(121)

§ V I.

Des différentes manières dont le mandat finit.

Le mandat finit par la mort du mandataire, par la cessation de son pouvoir, par la mort du mandant, par son changement d'état , par la révocation de la part du mandant , par la répudiation de la part du mandataire.

1°. *Par la mort du mandataire.* En effet , le mandat a pour fondement la confiance que le mandant a dans la personne du mandataire, et dès lors il ne peut pas passer aux héritiers. Si donc je vous ai chargé d'acheter une certaine maison , que vous mourriez dans l'intervalle , et que votre héritier s'ingère d'acheter pour moi cette maison , quand même il ferait l'acquisition à des conditions plus avantageuses que celles portées au mandat que je vous avais donné , je ne suis pas plus obligé de ratifier cet achat que si je n'avais jamais donné ordre d'acheter , à moins cependant que de votre vivant vous n'eussiez commencé d'exécuter le mandat. Dans ce cas, votre héritier succède non-seulement à votre obligation de rendre compte de ce qui a été fait, mais il est tenu d'achever ce que vous avez commencé.

2°. *Par la mort du mandant.* Le pouvoir que je vous ai donné de m'acheter une partie de marchandises cesse de droit par ma mort ; et mes héritiers ne sont pas tenus de prendre pour leur compte l'achat que vous en feriez depuis.

Il faut cependant excepter trois cas : celui où le mandat aurait eu, avant la mort du mandant, un commencement d'exécution ; celui où le mandataire, ignorant la mort de son commettant, aurait de bonne foi fait l'affaire dont il s'était chargé ; celui, enfin, où il s'agit d'une affaire instante, qui n'est susceptible d'aucun retardement, et qui ne peut être faite que par le mandataire, les héritiers n'étant pas sur les lieux.

3°. *Par le changement d'état du mandant.* Par exemple : lorsque le mandant est une femme qui depuis s'est mariée, ou une personne qui depuis a été interdite, ces personnes, au moyen de leur changement d'état, étant devenues incapables de faire, sans l'autorité de leur mari ou curateur, l'affaire dont elles avaient chargé leur mandataire, celui-ci ne peut plus la faire pour elles et à leur place, jusqu'à ce que la procuration ait été renouvelée par le mari ou par le curateur.

4°. *Par la cessation de pouvoir du mandant.* Si donc un tuteur a donné procuration à quelqu'un pour recevoir ce qui est dû à son pupille, la tutelle étant depuis finie par la majorité du mineur, la procuration donnée par le tuteur finit en même tems.

5°. *Par la révocation du mandant.* Le mandat étant une affaire de confiance, et celle-ci ne pouvant être contrainte, le mandant est libre de retirer ses pouvoirs quand il lui plaît. Mais, pour que le mandat soit éteint, il faut, 1°. que la chose soit encore entière; 2°. que l'acte portant révocation du mandat, ou les faits qui la font présumer, soient parvenus, ou puissent être censés parvenus, à la connaissance du mandataire. Autrement, elle n'a point d'effet.

6°. *Par la répudiation du mandat.* Pour qu'un mandataire puisse impunément se déporter de l'affaire dont il s'est chargé, il faut premièrement, et surtout, que cette répudiation ne porte aucun préjudice au mandant; et, en second lieu, qu'il y ait un légitime empêchement, c'est-à-dire que le mandataire ne puisse remplir son mandat sans se causer à lui-même un préjudice considérable, comme s'il lui fallait pour cela abandonner ses propres affaires.

§ V I I.

Du mandat ad litem.

Nous venons de parler du mandat proprement dit *ad negotia*, du mandat spécial, qui a pour objet telle ou telle affaire extra-judiciaire. Il nous reste à dire un mot du mandat *ad litem* et du mandat *omnium bonorum*.

Le mandat *ad litem* est un contrat par lequel, celui qui a intenté, ou qui veut intenter, ou contre qui on veut intenter, ou contre qui on intente une demande judiciaire, confie la poursuite de sa demande, ou sa défense, contre celle qui lui est intentée, à un avoué du tribunal qui s'en charge.

Ce contrat produit absolument les mêmes effets que

le mandat *ad negotia*. Il en diffère seulement en ce qu'il n'est pas gratuit, et qu'il ne renferme pas un office d'amitié. Le procureur a droit d'exiger de son client des salaires ; et c'est son propre intérêt et la vue de ses salaires qui le porte à se charger du mandat, plutôt que l'intention de rendre un bon office à son client.

§ VIII.

mandat omnium bonorum.

Le mandat *omnium bonorum* est celui par lequel on confie à quelqu'un la gestion et administration de toutes ses affaires. Sur quoi l'on peut établir cette règle générale que tout ce qui appartient à l'administration des biens du mandant fait partie de la procuration générale ; et que ce qui est disposition, plutôt qu'administration, excède les bornes du mandat.

Il suit de ce principe que le mandataire *omnium bonorum* peut,

1°. Affermer ou bailler à loyer les biens du mandant, ou les faire valoir par ses mains;

2°. Faire tous les achats nécessaires à l'exploitation des biens qu'il fait valoir par ses mains;

3°. Passer les marchés avec les ouvriers pour toutes les réparations qui sont à faire aux biens du mandant, et acheter les matériaux nécessaires à cet effet;

4°. Recevoir ce qui est dû au mandant, et en donner de valables quittances aux débiteurs;

5º. Contraindre les débiteurs, et faire toutes saisies, gageries et exécutions, en vertu des titres exécutoires qu'il a entre les mains ;

6º. Former toute demande judiciaire, poursuivre la main-levée de toute opposition, intenter toute action possessoire, donner des demandes pour passer titre-nouvel, et former toute opposition nécessaire à la conservation des droits du mandant ;

7°. Déférer le serment décisoire aux débiteurs contre lesquels le mandant n'a pas de titre probant.

8°. Passer toute transaction équitable et légitime.

9°. Employer les deniers de son administration, 1°. à l'acquittement des dettes exigibles ; 2°. au rachat des rentes dûes par le mandant ; 3°. en constitution de rentes au profit du mandant ; 4°. en achat d'héritages.

10ª. Aliéner, engager, hypothéquer les biens du mandant, mais seulement autant qu'il est strictement nécessaire à l'administration des autres biens ;

11º. Accepter toutes donations faites au mandant ;

12°. Et, enfin, accepter toute succession, mais seulement par bénéfice d'inventaire.

§ I X.

De la double action mandati.

Le contrat de mandat produit une double action : l'action directe accordée au mandant, à l'effet de se faire rendre compte de l'exécution du mandat, ou d'obtenir les dommages et intérêts résultans de l'inexécution non justifiée par des empêchemens légitimes ; et l'action contraire accordée au mandataire pour se faire indemniser de ses déboursés, et décharger des obligations qu'il a contractées pour l'exécution du mandat.

DOUZIÈME LEÇON.

DU CONTRAT DE DÉPOT.

PARAGRAPHE PREMIER.

Qu'est-ce que le dépôt?

Le dépôt est un contrat par lequel l'un des contractans donne une chose à garder à l'autre, qui s'en charge gratuitement, et s'oblige de la rendre lorsqu'il en sera requis.

Il y a deux principales espèces de dépôt : le dépôt simple, et le séquestre.

§ I I.

Du dépôt simple.

Le dépôt simple a lieu, lorsqu'il n'y a qu'un déposant, ou lorsque plusieurs personnes déposent ensemble une chose à laquelle elles ont un intérêt commun.

On peut encore distinguer cinq espèces de dépôt simple : le dépôt conventionnel, le dépôt judiciaire, le dépôt nécessaire, le dépôt d'hôtellerie et le dépôt irrégulier.

§ I I I.

Du dépôt conventionnel.

Le dépôt conventionnel est celui qui dérive de la seule volonté du déposant.

Ce contrat est du droit des gens. Il est de la classe de ceux de bienfaisance, car il ne se fait que pour l'utilité du seul déposant. C'est un contrat réel qui ne peut recevoir sa perfection que par la tradition de la chose qui en est l'objet. Enfin, il est synallagmatique, puisqu'il produit des obligations réciproques.

§ I V.

Des choses qui sont de l'essence de ce dépôt.

Quatre choses sont de l'essence du dépôt conventionnel :

1°. La tradition de la chose déposée doit être faite au dépositaire. C'est même ce qu'exprime le mot *dépôt*, qui ne peut signifier que la mise de quelque chose entre les mains de quelqu'un. Il suit encore de là qu'il n'y a que les choses corporelles qui puissent être la matière du dépôt.

2°. La garde de la chose doit être la principale fin pour laquelle la tradition se fait. Si donc je vous prie d'aller recevoir cent francs pour moi, et de me les garder, je n'ai point contre vous l'action de dépôt, mais celle de mandat ; parce que la prinpale fin de notre convention a été que vous reçussiez pour moi ces cent francs. Ce n'est que subsidiairement que vous en êtes resté dépositaire. C'est pourquoi un immeuble n'est pas susceptible de dépôt ; une telle chose, en effet, n'est pas de nature que celui à qui elle appartient puisse jamais avoir besoin de la donner en garde à quelqu'un pour qu'il puisse la retrouver.

3°. Celui à qui la garde de la chose est confiée doit s'en charger gratuitement : ce n'est cependant qu'une subtilité de droit que de prétendre que le notaire public, à qui je donne mon argent à garder, n'est pas dépositaire, parce que je lui paie deux pour cent de commission. J'en conclus seulement que ses engagemens doivent être plus rigoureux que ceux d'un dépositaire qui ne fait qu'un office d'ami.

4°. Le consentement des parties doit intervenir, 1°. sur le contrat même ; c'est surtout dans ce contrat que les parties doivent s'expliquer nettement à cet égard : l'omission d'un seul mot suffit pour faire d'un dépôt un prêt à usage ; 2°. sur la chose même qui

est déposée, de manière que le dépositaire entende
bien s'obliger à rendre précisément les mêmes corps
qu'il a reçus, de quelque espèce qu'ils puissent être.

Il n'importe, au surplus, que les parties soient
ou non d'accord sur la quantité et la qualité de la
chose. L'erreur même sur la personne de l'un des
contractans ne change pas la nature du contrat ; que
vous soyez Pierre au lieu de Paul, avec qui je croyais
avoir affaire, il suffit que vous soyez le même in-
dividu qui m'avez confié votre argent en dépôt, pour
que je sois tenu de vous le rendre.

§ V.

Des obligations du dépositaire.

La nature particulière de ce contrat oblige le dépositaire à deux choses : à garder avec fidélité la
chose qui lui a été confiée, et à la rendre au déposant lorsqu'il la redemandera.

Conséquences du premier chef d'obligation du dépositaire.

Du premier chef d'obligation dérivent trois con-
séquences :

1°. *Apporter un soin convenable à la garde du dépôt.*

Le dépositaire s'oblige d'apporter à la garde des
choses qui lui ont été confiées le même soin qu'il
apporte à l'égard des siennes. Dès lors, il est tenu

de latâ culpâ, c'est-à-dire d'une négligence crasse. Par exemple : si vous m'avez donné en dépôt des diamans ou autres choses semblables, qui sont de nature à être gardées sous la clef, et que je les laisse exposées aux allans et aux venans dans le vestibule, ou dans l'anti-chambre de ma maison, il n'est pas douteux que, si elles sont volées, je suis responsable de leur perte, parce qu'il est impossible de présumer que j'eusse eu une pareille insouciance si ces choses m'eussent appartenu.

Mais la responsabilité du dépositaire ne s'étend pas aux fautes légères ; il n'est pas susceptible de la même vigilance qu'un diligent et soigneux père de famille : la raison en est que le dépositaire ne retire aucun intérêt du contrat qui se fait pour la seule utilité du déposant. Celui-ci aurait dès lors mauvaise grace d'exiger de lui autre chose que la fidélité, avec laquelle ne sont pas incompatibles les fautes qu'on appelle légères, et qu'on peut commettre sans mauvaise foi.

Ce principe, néanmoins, reçoit plusieurs exceptions : 1°. lorsqu'il en a été convenu autrement par une clause expresse du contrat ; 2°. dans le cas où le dépositaire est allé s'offrir lui-même à la garde du dépôt, sans attendre qu'il en fût requis ; 3°. lorsqu'il est payé de sa garde ; 4°. lorsque le dépôt n'est pas fait pour l'utilité du déposant, mais pour le seul intérêt du dépositaire.

2ᵈ. *Ne pas se servir du dépôt.*

La fidélité que doit le dépositaire à la garde du dépôt l'oblige en se second lieu à ne pas se servir des choses qui lui ont été confiées, à moins que ce ne soit avec la permission expresse ou présumée du déposant.

Manquer à cette obligation, c'est se rendre coupable d'abus de confiance et de vol. C'est voler d'abord l'usage de la chose ; c'est s'exposer ensuite à passer pour voleur de la chose même. Vous déposez deux mille francs entre mes mains ; si je m'en sers pour mes besoins, quoiqu'avec l'intention et les moyens de réintégrer le dépôt, je commence par vous voler l'usage de votre argent. Mais si, par un accident imprévu, par la ruine entière de ma fortune, je suis réduit à l'impossibilité de vous rendre les deux mille francs à votre réquisition, vous êtes bien réellement fondé à m'accuser du vol du dépôt lui - même ; et de tous les délits attentatoires à la propriété, c'est le plus criminel et le plus infame.

Au surplus, pour que le consentement du déposant soit présumé, il ne suffit pas que le dépositaire ait l'opinion qu'il aurait obtenu la permission de se servir des choses déposées, s'il l'eût demandée. Il faut qu'il ait de fortes raisons de le penser, comme si la chose déposée lui avait été auparavant prêtée plusieurs fois, et toutes les fois qu'il la lui avait demandée à emprunter.

Ajoutons que le consentement du déposant se présume d'autant moins facilement, si la chose déposée est de nature à se consommer ou à se détériorer par l'usage. Certes, il est impossible de présumer que j'aie consenti à ce que vous vous serviez du vin que j'ai confié à votre garde, puisque vous ne pouvez vous en servir qu'en le consommant. Il en faut dire autant si ce sont des pièces monnoyées qui sont l'objet du dépôt.

3°. *Ne pas violer le secret du dépôt.*

C'est un engagement non moins sacré de la part du dépositaire de ne pas chercher à connaître les choses qui lui ont été confiées en dépôt, lorsque le déposant a voulu les tenir cachées. Ouvrir une cassette fermée, prendre connaissance de papiers déposés sous une enveloppe cachetée, c'est commettre un abus de confiance capital. L'infidélité serait encore plus grave que celle du commissionnaire que je chargerais de porter à un de mes amis une lettre scellée de mon cachet, et qui romprait l'enveloppe pour surprendre mon secret.

Ces vérités éternelles sont assez généralement senties ; mais peut-être n'en est-on pas assez intimément pénétré. Celui qui se dispose à violer un secret croit ne commettre au plus qu'une légère indiscrétion ; ce n'est qu'après avoir satisfait sa funeste curiosité qu'il reconnaît la gravité de sa faute, dont les suites peuvent faire de lui le plus criminel des hommes. Prenons un exemple frappant : je vous remets en dépôt une lettre enfermée sous une enveloppe scellée d'un cachet commun, dont on peut trouver mille empreintes semblables, mais qui n'en doit pas être moins sacré pour vous. Le peu d'importance que je parais avoir attachée au choix du cachet vous fait penser que la lettre ne contient pas un secret bien essentiel : la facilité de rétablir les choses dans l'état où elles sont vous décide à lever le sceau. Vous lisez le papier, il contient ces mots : « Cent mille francs en or, à moi appartenans, « sont enfouis au pied du troisième arbre de l'allée de « tilleuls de mon jardin de Vincennes. Si je meurs « dans le voyage des Indes que j'entreprends, je prie « Titius, mon ami, à qui Stichus remettra ce papier « cacheté, de disposer de cette somme au profit de ma « femme. » Ce secret ne fait pas sur vous au premier moment une très-forte impression. Mais quelque tems après, vous éprouvez des revers de fortune considérables, vous êtes sur le point de faillir totalement, le secret que vous avez surpris se représente à votre mémoire, et vous offre une ressource certaine. Vous combattez, vous résistez long-tems ; mais, si votre ame n'est pas fortement trempée, l'urgence cruelle de votre position l'emporte, vous allez prendre les cent mille fr. Le crime est consommé ! vous êtes devenu plus criminel que les voleurs de grand chemin ! tant il est vrai qu'une première faute peut conduire aux plus exécrables forfaits ; et que la ligne de la probité une fois dépassée, il n'y a plus devant nous que des précipices et des abymes sans fond !

§ V I.

Du second chef d'obligation du dépositaire.

Le second chef d'obligation contractée par le dépositaire, est la restitution du dépôt. Mais de quelles choses ? à qui ? quand et où la restitution doit-elle être faite ?

De quelles choses ? Des mêmes *in individuo*, qui ont été déposées. Si je vous ai confié six cents francs en espèces, vous êtes tenu de me rendre non-seulement la même somme, mais les mêmes espèces auxquelles il ne vous a pas été permis de toucher.

A qui ? Au déposant, ou à son fondé de pouvoir spécial, soit qu'il ait fait le dépôt lui-même, soit qu'il ait emprunté le ministère d'un ami. Si, cependant, une personne a fait un dépôt dans un nom qualifié, la chose ne doit lui être rendue qu'autant qu'il conserve la qualité en laquelle il l'a donnée. Par exemple : si je vous ai donné quelque chose en dépôt en ma qualité de tuteur d'un tel, ma tutelle finie, ce n'est plus à moi, mais à mon pupille, devenu majeur, que la restitution doit être faite. Après la mort du déposant, les héritiers succédant à tous les droits du défunt, sont les seuls qui puissent réclamer le dépôt.

Où ? Au lieu convenu par le contrat, et, si les parties ne se sont pas expliquées à cet égard, à l'endroit où se trouve la chose déposée.

Quand ? A la réquisition du déposant.

§ V I I.

Des obligations du déposant.

Le déposant contracte aussi des obligations envers le dépositaire. Elles consistent à le rembourser des avances qu'il a faites pour la conservation de la chose déposée, et à l'indemniser de tout ce que lui a coûté le dépôt. Le dépositaire a même le droit de retenir la chose tant qu'il n'est pas pleinement indemnisé de tous ses frais et déboursés généralement quelconques. C'est un privilège très-réel qu'il a sur le dépôt.

TREIZIÈME LEÇON.

SUITE DU DÉPOT.

§ V I I I.

Du dépôt judiciaire.

Le dépôt judiciaire est celui qui est ordonné par le tribunal. Il y en a de plusieurs espèces.

La première espèce de dépôt judiciaire est l'établissement d'un gardien préposé par un officier de justice à des meubles saisis. Comme c'est au nom du saisissant que le dépôt est fait par le ministère de la justice, c'est envers le saisissant que le gardien contracte l'obligation d'apporter aux choses qui lui sont confiées le soin convenable ; et , parce qu'il est payé de sa garde , il est tenu non-seulement de la mauvaise foi et de la faute grossière , mais aussi de la faute légère. Il est pareillement obligé de les représenter à toute réquisition, soit pour être rendues au débiteur, à la décharge du saisissant , en cas de main-levée de la saisie , soit pour être vendues, si la saisie est maintenue.

La seconde espèce consiste dans le dépôt qu'un débireur fait, par autorité de justice , de la somme ou de la chose par lui dûe , à défaut par le créancier soit de vouloir, soit de pouvoir la recevoir. Ce dépôt est également valide , soit qu'il ait été précédé d'une ordonnance du tribunal , soit que le débiteur l'ait fait confirmer par jugement , après l'avoir effectué entre les mains de la personne, au jour et au lieu portés en la sommation extra-judiciaire, qu'il en a préablement faite à son créancier.

La troisième est la consignation que les adjudicataires des biens vendus en justice font du prix de leur adjudication entre les mains de l'officier public préposé à cet effet.

Les effets de cette consignation sont , 1°. de libérer l'adjudicataire de son prix ; 2°. de transférer la propriété des deniers consignés aux créanciers-saisissans et opposans qui deviennent seuls responsables envers le saisi , dans le cas où la saisie-opposition serait annullée ; 3°. d'acquitter d'autant le saisi envers ses créanciers, aux risques de qui est le prix des choses vendues.

L'obligation contractée par le dépositaire des consignations consiste à garder les deniers déposés avec tout le soin du plus diligent père de famille, et à les rendre, sous la déduction de ses frais de garde, après l'ordre arrêté, d'abord aux créanciers-saisissans et opposans, pour la part selon laquelle ils se trouvent utilement colloqués, ensuite à la partie saisie, s'il reste quelque chose, principaux intérêts et frais payés.

§ I X.

Du dépôt nécessaire.

Le dépôt nécessaire, que les romains appelaient *miserabile*, est celui qui est fait dans un cas de nécessité ou d'accident imprévu, comme celui d'un incendie, d'une ruine ou du pillage d'une maison, d'un naufrage ou d'une sédition.

La seule chose qui soit particulière à cette espèce de dépôt, est que la preuve par témoins en est reçue, lorsque le dépositaire en disconvient, à quelque somme que montent les objets déposés. En effet, il n'est pas au pouvoir de celui qui fait un pareil dépôt de s'en procurer une preuve écrite, étant obligé de le confier à la hâte au premier venu, pour le sauver de l'incendie, du pillage ou du naufrage.

§ X.

Du dépôt d'hôtellerie.

Le dépôt d'hôtellerie est celui qu'un voyageur fait à un aubergiste de certains effets pendant le tems du séjour qu'il doit faire chez lui.

Bien que ce dépôt ne vaille pas à l'aubergiste une rétribution particulière, mais parce qu'il est la suite nécessaire du logement que le voyageur prend chez lui pour une somme convenue, il devient un contrat intéressé de part et d'autre, et dès lors l'aubergiste est tenu non-seulement de la bonne foi, mais de la faute légère.

On admet aussi la preuve par témoins pour ce dépôt, quoique la chose déposée excède la somme de cent fr. C'est aux juges cependant à peser la qualité des personnes et les circonstances du fait.

§ X I.

Du dépôt irrégulier.

Le dépôt irrégulier est un contrat par lequel une personne qui a une somme d'argent, qu'elle croit n'être pas en sûreté chez elle, la confie à un de ses amis, à la charge de lui rendre, lorsqu'elle redemandera le dépôt, non les mêmes espèces, mais seulement une pareille somme.

Cette espèce de dépôt, qui a beaucoup de rapport

avec le prêt de consomption , diffère du dépôt conventionnel , 1°. en ce que le dépositaire devient , en ce cas , débiteur non d'un corps certain , mais d'une certaine somme ; 2°. qu'il peut , conséquemment , s'en servir pour ses besoins , sans violer la fidélité due au dépôt , et que , par suite , il est tenu des accidens même de force majeure par lesquels la chose qu'on lui a déposée aurait péri ; 3°. qu'enfin, il reste toujours débiteur de la valeur.

Néanmoins , ce n'est pas non plus un vrai prêt de consomption ; car la fin principale du dépôt irrégulier étant la garde de la chose ; et la permission de s'en servir n'étant qu'accidentelle au contrat, le dépositaire doit être prêt à rendre pareille somme à toute réquisition du déposant.

§ X I I.

Du séquestre.

Le séquestre est une espèce de dépôt que deux ou plusieurs personnes , qui ont contestation sur une chose , font de la chose contentieuse à un tiers qui s'oblige de la rendre , après la contestation terminée , à celle d'entre elles à qui il sera décidé qu'elle doit être rendue.

Du séquestre conventionnel.

On distingue le séquestre conventionnel et le séquestre judiciaire.

Celui qu'on nomme conventionnel a lieu par le seul consentement des parties , sans l'intervention du juge.

Cette espèce de dépôt diffère du dépôt simple en quatre points principaux :

1°. Le dépôt ordinaire se contracte entre deux parties seulement. Le séquestre, au contraire, ne peut se contracter qu'en trois parties au moins. Outre le dépositaire, il faut au moins deux déposans qui, ayant chacun des intérêts opposés, sont des parties différentes, et sont chacun déposans du total d'une chose que chacun prétend lui appartenir en totalité.

2°. Dans le dépôt simple, on ne confie au dépositaire que la garde de la chose, tandis que, dans le séquestre, la possession même est quelquefois transférée à celui sous la garde de qui la chose est placée, lorsque les parties ne sont pas d'accord sur cette même possession.

3°. Il n'y a que des meubles qui soient susceptibles du dépôt simple, au lieu qu'on peut séquestrer aussi des immeubles.

4°. Dans le dépôt simple, la chose doit être rendue au déposant aussitôt qu'il la redemande. Il n'en est pas ainsi du séquestre : ce n'est qu'après la contestation terminée que la restitution doit être faite, et elle ne peut l'être qu'à celui des déposans à qui il est décidé que la chose doit être rendue.

A ces différences près les principes du séquestre sont absolument les mêmes que ceux du dépôt simple.

Du séquestre judiciaire.

Le séquestre judiciaire est celui qui est ordonné par le tribunal. Il a lieu dans deux cas principaux :

1°. Lorsque des parties se disputent non-seulement la propriété, mais la possession d'une chose, le tribunal en ordonne quelquefois le séquestre jusqu'à la décision du procès sur la propriété.

2°. Le séquestre des effets d'une succession est pareillement ordonné par le tribunal, lorsque les contestations qui divisent les héritiers sont de nature à en devoir retarder long-tems la liquidation.

§ XIII.

De la double action depositi.

Le contrat de dépôt produit une double action : l'action directe accordée au déposant pour se faire restituer *in individuo* la chose déposée, avec tous les fruits perçus, en cas de séquestre d'un immeuble, soit conventionnel, soit judiciaire; et l'action contraire ouverte au dépositaire pour se faire rembourser de tout ce qui lui en a coûté pour la conservation de la chose qui demeure affectée par privilège à ce remboursement.

QUATORZIÈME LEÇON.

DU CONTRAT DE SOCIÉTÉ.

PARAGRAPHE PREMIER.

Qu'est-ce que le contrat de société?

LE contrat de société est celui par lequel deux ou plusieurs personnes mettent ou s'obligent de mettre en commun quelque chose, pour faire en commun un profit honnête, dont ils s'obligent réciproquement de se rendre compte.

Ce contrat est du droit des gens, car s'il est assujetti par le droit civil à certaines formalités, c'est seulement quant à la preuve et non dans sa substance. Il est consensuel, recevant sa perfection par le seul consentement des parties, et n'ayant besoin de la tradition d'aucune chose. Il est synallagmatique, puisque tous les associés sont réciproquement obligés les uns envers les autres. Enfin, il est commutatif, les gains et les pertes se distribuant en raison proportionnelle des mises.

§ I I.

Des choses qui sont de l'essence de ce contrat.

Quatre choses sont de l'essence de tout contrat de société :

1°. Il faut que chacune des parties apporte ou s'oblige d'apporter quelque chose à la société, ou de l'argent, ou d'autres effets, ou son travail et son son industrie. Si donc je fais convention avec vous de vous donner, par chacune des dix années que doit durer l'entreprise que je commence, une part dans mes profits, sans aucune contribution de votre côté, ce n'est point un contrat de société, mais une pure donation.

2°. La société doit être contractée pour l'intérêt commun des parties. Lorsque dans une convention on n'envisage que l'intérêt d'une seule des parties, c'est un véritable mandat sujet à révocation.

3°. Les parties doivent se proposer par le contrat de faire un gain ou profit, dans lequel chacun des contractans puisse espérer d'avoir part à raison de ce qu'il a apporté dans la société. Mais il n'est pas nécessaire que chacun des contractans doïve avoir, en quelque cas que ce soit, une part dans les profits de la société. On peut très-légitimement convenir que tel associé n'entrera en partage des profits qu'autant qu'ils excéderont cinq, dix, quinze ou vingt pour cent.

4°. Il faut que l'affaire qui fait l'objet de la société, et pour laquelle les parties contractantes s'associent, soit quelque chose de licite, et que le profit qu'elles se proposent de retirer soit un profit honnête. Une association pour faire la contrebande est nulle, contraire aux lois et aux bonnes mœurs.

§ I I I.

Règles générales de toute association.

La justice distributive est l'ame et la vie des sociétés particulières, comme des sociétés politiques. Aussi devons-nous poser, comme bases fondamentales de toute espèce d'association, ces deux principes : 1°. que la part qui, par le contrat de société, est assignée à chacun des associés dans le profit qu'ils se proposent de faire, soit en même proportion que la valeur de ce que chacun d'eux a apporté à la société ; 2°. que chacun des associés doive supporter dans la perte que fera la société, la même part qu'il doit avoir dans le gain, au cas que la société prospère.

Il peut sans doute arriver que ces deux règles soient modifiées par des clauses particulières du contrat ; mais les exceptions elles-mêmes doivent émaner du même principe, et en être la confirmation.

Les sociétés sont universelles ou particulières.

§ I V.

Des sociétés universelles.

Il y a deux principales espèces de sociétés univer-
selle : celle *universorum bonorum*, et celle *universorum
quæ ex quæstu veniunt.*

— *Universorum bonorum.*

La société *universorum bonorum* est celle par laquelle les parties contractantes conviennent de mettre
en commun tous leurs biens présens et à venir.

Dès l'instant même du contrat tous les biens de
chaque associé deviennent communs entre tous ,
chacun d'eux étant censé s'être fait réciproquement
une tradition feinte, et s'en être constitué possesseur
au nom de la société.

Tout ce qui advient à chacun des associés , durant
la société , y tombe , à quelque titre qu'il lui advienne ,
même à titre de succession , de donation ou de legs ,
même pour réparation civile d'une injure qui aurait
été faite à sa personne ou aux siens.

Par la même raison , la société doit être tenue non-
seulement de toutes les dettes dont chacun des associés
était débiteur , lorsqu'ils ont contracté la société , mais
de toutes les dépenses que chacun des associés sera
obligé de faire durant la société , pour cause licite et
honnête.

— Universorum quæ ex quæstu veniunt.

La société *universorum quæ ex quæstu veniunt* est celle par laquelle les parties contractent société de tout ce qu'elles acquerront, à quelque titre de commerce que ce soit.

Les parties sont censées contracter cette espèce de socié é lorsqu'elles déclarent qu'elles contractent ensemble société, sans s'expliquer davantage.

Il n'y a que ce que chaque associé acquiert durant la société, par quelque titre de commerce, achat, louage, etc., ou par l'exercice de sa profession, sa solde, ses appointemens, qui tombe dans la société. Ce qui lui advient à titre de succession, donation ou legs, lui reste propre et particulier.

A l'égard des dettes, la société est tenue, 1°. des dettes mobiliaires antérieures à l'association; 2°. de toutes celles postérieures, contractées pour les affaires de la société.

§ V.

De la forme des sociétés universelles.

En conséquence de l'article LIV de l'ordonnance de Moulins, qui veut que toutes les conventions qui excèdent cent francs soient rédigées par écrit, et que la preuve par témoins n'en puisse être admise, il doit être dressé un acte écrit des sociétés universelles. La coutume d'Orléans qui formait droit commun pour tous les pays dont les coutumes particulières ne renfermaient pas une dérogation formelle à ce principe, s'exprimait ainsi : « Société ne se contracte entre aucuns, qu'ils ne soient conjoints par mariage , sinon qu'il y ait entre eux une convention expresse, passée par écrit, présens notaires, ou sous leurs signatures. » Observons encore que les sociétés universelles sous seing-privés n'établissent la preuve du contrat qu'entre les contractans , et non vis-à-vis d'un tiers.

§ V I.

Des sociétés particulières.

Il y a plusieurs espèces de sociétés particulières : 1°. celles de certaines choses; 2ª. celles de certaines professions; 3°. celles de commerce.

— *De certaines choses.*

Il y a société de certaines choses lorsque deux personnes conviennent d'acheter à frais communs un cheval pour le nourrir et soigner en commun , et en partager les profits. On pourrait citer des millions d'exemples de cette espèce de société particulière.

— *De certaines professions.*

Ceux-là contractent société pour l'exercice d'une certaine profession , qui conviennent de rapporter à une masse commune tous les gains qu'ils feront de part et d'autre, dans l'exercice de leur métier ou profession, pour les partager ensemble.

Ces deux sortes de sociétés ne sont soumises à aucune autre formalité que d'être rédigées par écrit si elles excèdent cent francs.

§ V I I.

Des sociétés de commerce.

On distingue trois espèces de sociétés de commerce : celles en nom collectif ; celles en commandite et celles anonymes.

En nom collectif.

La société en nom collectif est celle que font deux ou plusieurs négocians pour faire en commun un certain commerce au nom de tous les associés. Cette société est exclusivement bornée aux gains et pertes résultans des affaires particulières au commerce entrepris. Rien n'y tombe de ce qui peut écheoir à chaque associé par suite de toute autre spéculation. Celui sous le nom et raison duquel est établie la société, ne peut obliger ses associés qu'autant qu'il ajoute à son nom ces mots : *et compagnie.* Quelquefois sa signature est soumise au *visa* d'un autre associé. Mais, ces formalités remplies, il est réputé, dans tous les marchés qu'il passe, contracter tant en son nom qu'en celui de ses associés, qui sont censés contracter et s'obliger conjointement avec lui par son ministère. Encore faut-il que les marchés aient un objet relatif au commerce particulier de la société.

— En commandite.

La société en commandite est celle qu'un marchand contracte avec un particulier pour un commerce qui sera fait au nom seul du marchand , et auquel l'autre contractant contribue seulement d'une certaine somme d'argent qu'il apporte pour servir à composer le fonds social , sous la convention qu'il aura une certaine part au profit, s'il y en a , et qu'il portera, dans le cas contraire , la même part des pertes, dont il ne pourra, néanmoins être tenu que jusqu'à concurrence des fonds qu'il a apportés en la société.

—Anonymes.

La société anonyme, qu'on appelle aussi *compte en participation*, est celle par laquelle deux ou plusieurs personnes conviennent d'être de part dans une certaine négociation qui sera faite par l'une d'entre elles , à son nom seul.

§ V I I I.

Des formalités des sociétés de commerce.

L'ordonnance de 1673, tit. IV , art. I, veut , 1°. que toute société de commerce soit rédigée par écrit par-devant notaires, ou sous seings-privés , et que la preuve n'en puisse être reçue contre et outre le contenu en l'acte, encore qu'il soit d'une valeur moindre de cent livres ; 2°. que l'extrait de l'acte de société soit enregistré au greffe du consulat ; ou, s'il n'y a point de consulat dans la ville, au greffe de l'hôtel-de-ville, ou à celui de la jurisdiction ordinaire, et qu'il soit inséré en un tableau exposé en un lieu public ; 3°. que cet extrait contienne les noms, surnoms, qualités et demeures des associés, les clauses extraordinaires pour la signature des actes, le tems auquel devrait commencer et finir la société ; 4°. que cet extrait soit signé par les parties ou leurs fondés de pouvoir.

L'usage a fait tomber en désuétude plusieurs de ces formalités. Mais, dans nos lois actuelles, toute société de commerce n'est authentique que par l'enregistrement. Il est toujours de rigueur, pour les sociétés en commandite, qu'elles soient déposées au greffe du tribunal de commerce, faute de quoi elles sont réputées en nom collectif.

§ I X.

Des clauses tacites de tout contrat de société.

Tout contrat de société est susceptible de toute espèce de clauses particulières. Les unes sont relatives à la durée et au mode d'administration de la société, ou à la fixation de la quotité des mises et des parts proportionelles de chacun dans les pertes et les bénéfices. Celles-là sont variables à l'infini. C'est le texte de la convention qui fait la loi, rien n'est censé convenu que ce qui est écrit.

Les autres sont en quelque sorte immuables et de droit. Exprimées ou non, elles sont toujours réputées sous entendues, à moins qu'il n'y ait éé dérogé formellement. On en distingue quatre principales de cette espèce:

1º. Chacun des associés peut se servir des choses appartenantes à la société , pourvu qu'il les fasse servir aux usages auxquels elles sont destinées, et qu'il n'en use pas de manière à empêcher ses co-associés d'en user à leur tour pareillement.

2º. Chacun a le droit d'obliger ses associés à faire avec lui les impenses nécessaires pour la conservation des choses dépendantes de la société.

3º. Un associé ne peut faire aucun changement ni innovation sur les héritages dépendans de la société , quand même cette innovation serait avantageuse à la société.

4º. Un associé ne peut ni engager ni aliéner les choses dépendantes de la société , si ce n'est pour la part qu'il y a.

§ X.

De la contribution par les associés aux dettes de la société.

Indépendamment des obligations que des associés contractent réciproquement les uns envers les autres , il en est une antérieure et privilégiée : je veux parler de la contribution aux dettes de la société. Le mode de cette contribution varie selon la nature de la société.

Dans les sociétés universelles, ou particulières, soit pour une seule chose, soit pour l'exercice d'une certaine profession, chaque associé est tenu des dettes pour sa part virile, c'est-à-dire du tiers, s'il y a trois associés, du quart, s'il y en a quatre. Il est quelquefois tenu en raison de son intérêt social, c'est-à-dire de moitié, s'il a moitié dans la société, quelque soit le nombre des associés ; mais il faut qu'il en ait été fait convention expresse avec le créancier. Dans l'un et l'autre cas, il n'y a toujours pas de solidarité.

Dans les sociétés de commerce en nom collectif, chaque associé est tenu solidairement des dettes de la société, les uns pour les autres, et un seul pour tous. Mais cette solidarité ne s'établit que par le concours de deux choses : il faut, 1o. que la dette ait été contractée par quelqu'un qui eût le pouvoir d'obliger tous les associés ; 2o. qu'elle ait été contractée au nom de la société.

Dans les sociétés en commandite, n'y ayant que l'associé principal, et dans les sociétés anonymes, n'y ayant que l'associé connu qui fasse seul et en son nom les contrats de la société, lui seul est obligé ; les associés en commandite, de même que les associés inconnus, ne sont point tenus des dettes de la société envers le créancier avec qui l'associé principal ou connu a contracté. Ils n'en sont tenus qu'envers leur associé principal ou connu ; ils doivent l'en acquitter , chacun pour sa part sociale , savoir : l'associé anonyme indéfiniment , et l'associé commanditaire seulement jusqu'à concurrence des fonds qu'il a mis dans la société.

QUINZIÈME LEÇON.

SUITE DE LA SOCIÉTÉ.

§ X I.

Des obligations réciproques des associés entre eux.

LES obligations réciproques des associés les uns envers les autres se réduisent à deux chefs principaux.

L'objet du premier chef est que chaque associé est obligé , envers les associés , de faire raison à la société de tout ce qu'il lui doit, déduction faite de ce qui peut lui être dû par elle.

Ce que chaque associé doit à la société se compose , 1º. de ce qu'il a promis par l'acte social d'apporter à la société , tant qu'il ne l'a pas apporté ; 2º. de ce qu'il a tiré du fonds commun pour ses affaires particulières; 3º. de la réparation du tort qu'il a causé

Troisième cahier.   K

par sa faute dans les biens ou dans les affaires de la société.

Ce que la société peut devoir à un associé résulte, 1°. des paiemens partiels de sa mise sociale; 2°. des sommes ou choses qu'il a avancées pour la société; 3°. de sa part dans les bénéfices échus et liquides.

Le second chef d'obligation consiste en ce que chaque associé est obligé de faire raison, pour la part de ce qu'il a dans la société, de ce qui est dû à ses associés par la société, déduction faite de ce que lesdits associés créanciers de la société peuvent lui devoir.

§ X I I.

De l'action pro socio.

De ces deux chefs d'obligation naît l'action *pro socio*, que chaque associé a contre ses associés pour en exiger l'accomplissement. Cette action est personnelle : elle passe aux héritiers et autres successeurs universels de chacun des associés, au profit de qui elle est ouverte, et peut s'intenter contre les héritiers et autres successeurs universels des associés qui en sont tenus.

Au surplus, soit qu'elle ait lieu durant la société ou depuis sa dissolution, toute contestation entre associés doit être renvoyée par-devant des arbitres. C'est le vœu formel de l'art. I du tit. IV de l'ordonnance de 1673.

§ X I I I.

Des différentes manières dont se dissout une société.

Toute société se dissout ,

1o. Par l'expiration du tems convenu ;

2o. Par l'extinction de la chose , ou la consomma-
tion de la négociation qui était l'objet de la société ;

3o. Par la mort civile ou naturelle , et par la faillite ouverte de l'un des associés ;

4o. Par le mutuel consentement des parties ;

5o. Par la volonté d'un seul associé , lorsque la
durée de la société n'a pas été limitée ; pourvu néanmoins que la renonciation soit faite de bonne foi , et
non intempestivement , c'est-à-dire dans un tems où
les choses ne sont plus entières , et où il est de l'intérêt
commun d'attendre un tems plus favorable pour consommer la négociation qui fait l'objet de la société.

6°. Elle finit encore par la volonté d'un seul associé , même avant l'expiration du tems limité , lorsque cet associé a une juste cause de renonciation.
Par exemple : s'il peut prouver que ses associés n'exé-
cutent pas à son égard les conditions de la société , ou
refusent de le faire jouir à son tour de la chose commune , ou malversent dans la gestion des affaires
sociales , ou si lui-même est obligé de s'absenter
long-tems pour le service de l'état , et que la con-
duite des affaires sociales exige sa présence.

§ XIV.

Du partage des choses sociales, de son mode et de ses effets.

Même après la dissolution de la société, les choses sociales restent encore communes jusqu'à ce qu'elles soient partagées. Le partage, ainsi que nous l'avons vu, *supra*, cinquième leçon, n'est autre chose qu'un acte qui détermine la part indéterminée que chacun des co-partageans avait dans la masse commune, aux seules choses qui lui sont assignées pour son lot.

Le partage peut être demandé par chaque associé, même par ses héritiers et autres successeurs, même à titre singulier, qui auraient acheté sa portion.

Lorsqu'il y a des immeubles dans la communauté, et parmi les associés des majeurs et des mineurs, ceux-ci ne peuvent pas en demander le partage : ce serait disposer volontairement de leurs droits immobiliers; ce qui leur est défendu par la loi. Mais il peut être requis par les majeurs, même contre les mineurs, parce qu'alors le partage devient une disposition nécessaire, qui ne saurait être empêchée par la loi.

Il n'y a point de prescription, même de cent ans contre l'action en partage, tant que les biens restent indivis. Mais si les co-propriétaires avaient possédé séparément, pendant trente ans, les différens biens de la communauté, la possession trentenaire équivaudrait à partage.

Avant de procéder au partage, on commence par solder les comptes respectifs de la société avec chaque associé ; et le reliquat de solde est porté au débit et au crédit soit de la société, soit de chaque associé. Lorsque la société se trouve débitrice de telle somme, on en fait, sur la masse au profit de l'associé-créancier, un prélèvement au moins fictif, qui se réalise lors de la composition des lots. Si la société reste créancière, on en fait à l'associé-débiteur un précompte au moins fictif, dont on charge son lot lors de la distribution des parts.

On dresse ensuite le bilan, c'est-à-dire l'état de l'actif et du passif de la société.

Le passif se prélève avant tout partage de l'actif, ou du moins, s'il n'y a pas d'opposition de la part des créanciers, on le distribue proportionnellement entre les associés.

L'actif peut se composer de meubles, d'immeubles et de créances. On procède d'abord à une estimation loyale de ses différentes choses, et par là on acquiert une connaissance exacte de la réalité de l'actif.

On fait des meubles autant de lots qu'il y a de sous ou de portions d'intérêt dans la société.

Par exemple : nous sommes six associés ; j'ai moitié, vous un quart, et les quatre autres chacun un seizième. Il y a donc seize sous. On fait seize lots, dont huit

. L

m'appartiennent, quatre à vous, et un à chacun des quatre autres. Les lots se tirent au sort.

On fait de pareils lots des immeubles, mais il est rare qu'on puisse faire précisément des lots proportionnés à chaque part ; alors on charge le lot le plus fort d'un retour envers celui qui est plus faible. Si de deux immeubles, l'un vaut 60,000 livres, et l'autre 40,000 livres, et que l'on veuille partager également, on charge le premier d'un retour de 10,000 livres envers le second. Quelquefois, au lieu de partager les immeubles en lots, on les licite. (*Vid. no.*) Celui des co-propriétaires qui se rend adjudicataire paie son acquisition avec sa portion d'intérêt, dont on réduit ce qu'il peut devoir à la société ; et, si sa portion ne suffit pas au prix, il le remplit de ses propres deniers.

Les mineurs même peuvent être contraints à la licitation. Mais il faut, 1°. qu'il soit constaté que le partage ne peut se faire autrement ; 2°. que la licitation soit faite à l'audience des criées publiques ; 3°. que la concurrence soit ouverte même à des étrangers.

A l'égard des créances, on les divise en bonnes et mauvaises. On distribue les premières en lots ; les secondes sont remises soit à un associé, soit même à un étranger, pour en faire le recouvrement, dont les résultats, bons ou mauvais, se distribuent à fur et mesure entre les associés.

Observons, en finissant, que tous les co-partageans

sont réciproquement garans les uns envers les autres des choses comprises dans leurs lots respectifs.

PARAGRAPHE PREMIER.

Du contrat de cheptel.

Nous traiterons à l'article des quasi-contrats de quelques espèces de quasi-sociétés. Mais nous devons, dès à présent, dire un mot d'une société particulière qui a lieu dans quelque pays à l'égard des bestiaux, et que l'on nomme *cheptel*,

Il y a deux principales espèces de *cheptel* : le cheptel simple et ordinaire, et le cheptel à moitié.

§ I I.

Du cheptel simple et ordinaire.

Le cheptel simple et ordinaire est un contrat par lequel l'une des parties, qui est le bailleur, donne à l'autre, qui est le preneur, un fonds de bétail, pour le soigner et gouverner pendant un certain tems, à la charge qu'à l'exception des profits de laitages, graisses ou fumiers et labeurs, qui sont laissés en entier au preneur, tous les profits qu'il y aura sur le fonds de bétail, tant de laines que de croîts et améliorations des bêtes, seront communs entre les parties par moitié ; comme aussi que, si par cas fortuits, il se trouve à la fin du tems de la perte sur le fonds de bétail , elle sera pareillement supportée en commun par les parties.

Ce qui caractérise cette espèce de cheptel, c'est que le fonds entier du bétail est fourni par le seul bailleur, et que néanmoins le preneur en devient propriétaire pour moitié, et n'est débiteur que du prix de cette moitié. Lorsque le bailleur se réserve la propriété entière du fonds de bétail, ce n'est plus un véritable contrat de société, c'est seulement un louage de bestiaux.

§ I I I.

Des formalités de ce contrat.

Pour valoir entre les parties, le cheptel n'est soumis qu'à une seule forme particulière; savoir : à la prisée qui , lors du contrat , doit être faite du fonds de bétail , pour déterminer la somme que le bailleur devra prélever , à la fin du cheptel, au partage qui s'en fera.

Mais pour qu'il pût être valablement opposé à des tiers, l'édit d'octobre 1713 , article XVII , exigeait, 1°. qu'il en fût passé acte passé devant notaire; 2°. que l'acte contient le nombre, l'âge et le poil des bêtes ; 3°. qu'il fût contrôlé dans la quinzaine ; 4°. qu'il fût publié de la manière prescrite par la déclaration du 16 décembre 1698 ; 5°. qu'il fût registré au greffe de l'élection dans les deux mois de sa date.

§ I V.

Des obligations du bailleur.

La nature particulière de ce contrat oblige le bailleur, 1°. à faire jouir le preneur du fonds de bétail pendant la durée du cheptel ; 2°. à partager les bénéfices, soit durant la société, soit à la fin, déduction faite du prix total de l'estimation qu'il a droit de prélever.

§ V.

De celles du preneur.

Le preneur est tenu de son côté, 1°. d'apporter à la garde et au gouvernement du bétail qui lui est confié le soin d'un bon père de famille ; 2°. de ne vendre ni divertir aucune des bêtes du cheptel, à l'insu et sans le consentement du bailleur ; 3°. de représenter à la fin de la société toutes les bêtes qui composent le cheptel ; et, faute d'en pouvoir représenter quelqu'une, de faire raison du prix qu'elles vaudraient si elles ne fussent pas mortes ou n'eussent pas été perdues par sa faute ; 4°. de supporter par moitié la perte qui, lors du partage, se trouvera sur le cheptel ; de manière, qu'à la fin de la société, si le fonds de bétail qui, lors du contrat, avait été prisé 1200 liv., ne vaut plus que 900 liv., le bailleur recouvre d'abord la totalité du fonds de bétail restant, plus 150 liv. formant la moitié de la perte aux risques du preneur.

§ V I.

Du cheptel à moitié.

Le cheptel à moitié est un véritable contrat de société de bestiaux, à laquelle chacune des parties contractantes fournit la moitié des bestiaux qui la doivent composer, pour en retirer en commun le profit.

Deux choses sont particulières à ce cheptel. La première, que les deux parties sont obligées réciproquement de se garantir les bêtes que chacune a apportées pour fournir sa part dans le fonds de société. La seconde, qu'à la fin de la société il ne se fait aucun prélèvement de part ni d'autre, et que le fonds de bétail est partagé tout entier par égale portion, perte ou gain.

FIN DU TROISIÈME CAHIER.

NOTICE DU QUATRIÈME CAHIER.

Le quatrième cahier, qui est sous presse, traitera :
Du prêt à usage.
Du précaire.
Du prêt de consomption.
Du prêt à intérêt.
Du contrat de constitution de rente, — perpétuelle, — viagère.
Du contrat de change.
Du nantissement.
Du cautionnement.
Du contrat d'assurances maritimes.
Du prêt à la grosse aventure.
Des donations entre vifs.

TABLE

DES

MATIÈRES.

FIN DE LA TABLE.